문학개론강좌

——— 김선학

국학자료원

■일러두기

* 이 책은 교재용 – 강의용으로 쓰여진 것임.
* 『문학에 이르는 길』, 『문학의 발견』 두 책을 기본으로 1학기 16주 강의에 맞추어 다시 집필한 것임.
* 한 주간 강의 끝 부분 <연습문제>는 제출할 리포트의 제명(題名)일 뿐 아니라 중간과 기말 필답고사는 <연습문제>의 내용을 중심으로 출제될 것임.

■차례

제1-1강 · 15

문학의 정의 · 15

1. 동양 : 『논어論語』 선진先進 편 · 15
2. 서구 : literature · 15
3. <문학>의 현대적 정의 · 16
4. 고전[古典, great book]의 의미 · 16

제1-2강 · 18

문학의 기원 - 1 · 18

1. 역사적 조망 · 18
2. 유희본능설 · 19
3. 흡인본능설 · 20
4. 표현본능설 · 20
5. 사회학적 기원설 · 20

제2-1강 · · · · · · 23

문학의 기원 - 2 · · · · · · 23
- 1. 모방본능설 · · · · · · 23
- 2. Platon(Plato)의 모방론 · · · · · · 24
- 3. 시인추방론 · · · · · · 24
- 4. Aristoteles(Aristotle)의 모방론 · · · · · · 24

문학의 장르(genre) · · · · · · 25
- 1. 일반논의 · · · · · · 25
- 2. 문학적 제도 · · · · · · 25
- 3. 문학 장르의 종(種) 개념 = 일반적인 장르 · · · · · · 26
- 4. 문학 장르의 속(屬) 개념 = 나라마다의 장르 · · · · · · 26

제2-2강 · · · · · · 28

문학의 기능 - 1 · · · · · · 28
- 1. 문학기능의 일반적 개념 · · · · · · 28
- 2. 문학의 쾌락적(快樂的) 기능 · · · · · · 29
- 3. 문학의 교시적(敎示的) 기능 · · · · · · 31

제3-1강 · · · · · · 35

문학의 기능 - 2 · · · · · · 35
- 1. 문학기능의 포괄적 관점 · · · · · · 35

시(詩) ·· 37
1. 일반적인 안내 ·· 37

제3-2강 ·· 39
시의 정의 ·· 39
1. 시의 정의 ·· 39
2. 시와 산문의 구별 – 폴 발레리(Paul Valéry) ···················· 40

시의 기원 ·· 41
시의 요소 – 1 ·· 42
1. 시의 언어 ·· 42

제4-1강 ·· 45
시의 요소 – 2 ·· 45
1. 언어의 두 가지 사용법과 시어 ·································· 45
2. 시어의 애매성 ·· 47

제4-2강 ·· 49
시의 요소 – 3 – 운율 ··· 49
1. 운율의 개념 ·· 49
2. 운율의 종류 ·· 50

3. 한시(漢詩) 감상 ·· 51

제5-1강 ··· 55
시의 요소－4－이미지 ··· 55
1. 이미지의 개념 ·· 55
2. 이미지의 유형 ·· 57

제5-2강 ··· 61
시의 요소－5－비유 ··· 61
1. 비유의 정의 ··· 61
2. 직유 ·· 62
3. 은유 ·· 62

시의 요소－6－상징 ··· 62
1. 상징 ·· 63

제6-1강 ··· 67
시의 요소－6－반어[反語, irony] ·· 67
1. 반어의 개념 ··· 67
2. 시에서의 반어 ·· 68

시의 요소 - 7 - 역설[逆說, paradox] ·········· 69
   1. 역설의 개념 ·········· 69
   2. 반어와 역설 ·········· 69
   3. 시에서의 역설 ·········· 70

제6-2강 ·········· 71

시의 요소 - 8 - 언어유희[言語遊戲, pun] ·········· 71
   1. 언어유희의 개념 ·········· 71
   2. 시에서의 역설 ·········· 72

시의 요소 - 9 - 시적화자[詩的話者, persona] ·········· 72
   1. 시적화자의 개념 ·········· 72

시의 분류 - 1 ·········· 74
   1. 고전적 분류 ·········· 74

제7-1강 ·········· 77

시의 분류 - 2 ·········· 77
   1. 형태적 분류 ·········· 77
   2. 자유시와 산문시(散文詩) ·········· 78
   3. 기타의 분류들 ·········· 79

제7-2강 ··· 81
한국의 시 - 1 ··· 81
1. 시(詩)와 시가(詩歌) ···································· 81
2. 고대 시가 ·· 82

한국의 시 - 2 - 고려가요 ································ 84
한국의 시 - 3 - 악장(樂章) ····························· 85

제8-1강 ··· 89
한국의 시 - 4 - 시조(時調) ····························· 89
1. 평시조 내용의 주류(主流) ···························· 90

한국의 시 - 5 - 가사(歌辭) ····························· 91

제8-2강 ··· 94
한국의 시 - 6 - 개화기 시가 ··························· 94
한국의 시 - 7 - 근, 현대시 ····························· 95
1. 1920년대 시 ··· 95
2. 1930년대 시 ··· 96
3. 1940년대 시 ··· 97

제9-1강 ·· 101
한국의 시 - 7 - 근, 현대시 ···················· 101
1. 1950년대 시 ······························ 101
2. 1960년대 시 ······························ 102
3. 1970년대 시 ······························ 103
4. 1980년대 시 ······························ 103
5. 1980년대 시 한 편 감상 ··················· 104

제9-2강 ·· 107
소설 - 1 ·· 107
1. 개념 ······································· 107
2. 기원 ······································· 109

제10-1강 ··· 113
소설 - 1 ·· 113
3. 특징 ······································· 113

소설 - 2 - 발전과 전개과정 - 1 ················ 115
1. 초기의 이야기 형식 ························· 115
2. 근대적 사실주의의 개화 ····················· 116

제10-2강 ·· 118
소설 - 2 - 발전과 전개과정 - 2 ·········· 118
1. 소설의 황금시대 ···················· 118
2. 러시아 소설 ·························· 119
3. 현대소설의 방향 ···················· 120

소설 - 3 - 기본요소 - 1 ···················· 121

제11-1강 ·· 125
소설 - 3 - 기본요소 - 2 ···················· 125
1. 가장 일반적인 플롯의 전개과정 ········ 127

소설 - 3 - 기본요소 - 3 ···················· 129

제11-2강 ·· 131
소설 - 3 - 기본요소 - 4 ···················· 131
소설 - 3 - 기본요소 - 5 ···················· 135

제12-1강 ·· 139
소설 - 3 - 기본요소 - 6 ···················· 139

제12-2강 ·········· 146
소설의 분류 ·········· 146

제13-1강 ·········· 153
한국의 소설 – 개념정리 ·········· 153
한국의 소설 – 1 – 고대소설 ·········· 155
  1. 소설의 전단계(前段階) ·········· 155
  2. 전기소설(傳奇小說) ·········· 155
  3. 의인소설(擬人小說) ·········· 156
  4. 몽유록계 소설 ·········· 157
  5. 풍자소설 ·········· 157
  6. 군담소설(軍談小說)=영웅소설 ·········· 158
  7. 가정소설 ·········· 159
  8. 판소리계 소설 ·········· 160

제13-2강 ·········· 161
한국의 소설 – 2 – 개화기 소설(신소설) ·········· 161
한국의 소설 – 3 – 근대 및 현대소설 ·········· 162
  1. 1910년대 소설 ·········· 162
  2. 1920년대 소설 ·········· 162
  3. 1930년대 소설 ·········· 163

제14-1강 ··· 167
한국의 소설 - 3 ··· 167
1. 1940년대 소설 ··· 167
2. 1950년대 소설 ··· 168
3. 1960년대 소설 ··· 169
4. 1970년대 소설 ··· 170
5. 1980년대 소설 ··· 171

제14-2강 ··· 173
수필(隨筆) ··· 173
1. 수필의 개념 ··· 173
2. 수필의 특성 ··· 175
3. 수필의 분류 ··· 175

희곡(戲曲) ··· 176
1. 희곡의 개념 ··· 176
2. 희곡의 본질 ··· 177
3. 희곡과 시나리오 ··· 178
4. 희곡의 특성 ··· 179
5. 구성의 특성과 그 단계 ·· 181

■ 참고문헌 ·· 184

- 부록 ··· 185
  - 문학의 사조 ··· 185
    - 1. 고대 서구문학 흐름 ·· 187
    - 2. 중세 서구문학 흐름 ·· 190
    - 3. 르네상스 시기의 서구문학 ································ 194
    - 4. 고전주의 ·· 196
    - 5. 낭만주의 ·· 200
    - 6. 사실주의 ·· 203
    - 7. 자연주의 ·· 206
    - 8. 상징주의 ·· 210
    - 9. 모더니즘 ·· 214
    - 10. 포스트모더니즘 ··· 219

제1-1강

문학의 정의

1. 동양 : 『논어論語』 선진先進 편

'덕행德行, 언어言語, 정사政事, 문학文學'에서 문학 → 학예學藝, 학문學問 등 광범위한 것으로 이해 → 독서행위와 그에 따르는 모든 것.

2. 서구 : literature

→ 라틴어 literatura가 어원. Literatura는 문자라는 뜻의 littera에서 유래 → 문자로 기록된 지식, 독서의 능력 등 총칭.

1) <문학>이란 용어는 문자와 결부되어 나타남.

2) <문학>은 문자를 통한 일체의 행위.

3) <문학>은 언어로 형상화된 예술.

1. 언어言語란 '말(言)'과 '문자(語)'를 동시에 의미.

2. 문자가 생기기 전에도 문학은 존재 → 부동문학浮動文學 → 구비문학口碑文學, 구전문학口傳文學, 구비전승口碑傳承의 문학.

3. <문학>의 현대적 정의

(Theory of Literature. R. Welleck & A. Warren. Penguin Books. 1956, pp. 20~21)

1) 넓은 의미의 문학(廣義의 文學)

Literature is everything in print.
(문학은 인쇄된 모든 것이다.)

2) 좁은 의미의 문학(狹義의 文學)

Literature is to limit it to 'great books' books which, whatever their subject, are notable for literary form or expession.
(문학은 그 주제가 무엇이든지 문학적 형식과 표현으로 된 고전 작품이다.)

3) 2)의 좁은 의미에서의 문학이 예술의 한 갈래로서의 오늘날 문학을 의미.

4. 고전[古典, great book]의 의미

① 가치의 항구성
② 공간적인 보편성
③ 작품 내적인 개성

1) 한국문학에서 고전의 의미

　① 19세기까지(갑오개혁 이전)의 작품을 의미.

　② 일반적으로 <고대>의 의미와 동일하게 사용됨. 고전문학은 고대문학(갑오개혁 이전)을 의미.

제1-2강

문학의 기원 – 1

1. 역사적 조망

* 문학의 발생은 문자의 발명보다 훨씬 전 → 풍요를 기원. 자연에의 외경심을 말한 주문, 기도에서 기원.

* 손, 발장단을 치면서 주문을 외우는 데서 음악이나 춤과 함께 시가 발생.

* 문자가 생겨난 뒤에도 문학에서 그것을 사용한 것은 훨씬 뒤의 일.
* 문자를 읽을 수 있는 사람이 소수. 비싼 양피지에 필사된 사본은 한계가 있었기 때문.
* 구비문학 시대의 계속 → 책에 의한 문학의 유포 → 인쇄술 발명 이후.

* 바빌로니아의 『길가메시Gilgamesh』에서 호메로스의 고대 서사시 『일리아스Iliad』, 『오디세이아Odyssey』, 중세의 『니벨룽겐의 노래 Nibelungenlied』, 『롤랑의 노래Chanson de Roland』 등은 구전되어오다 기록되어 현대까지 이른 것. 그러므로 현재 아무런 단편斷片조차 남아 있지 않다 해도 선사시대에도 문학이 존재했다고 상상할 수 있는 것이다. 『길가메시』나 BC 1200년경의 『리그베다Rigveda』, 『구약성서』, 『창세기』 속에 삽입된 짧은 시 등은 온전히 남아 있는 것의 오래된 예이지만, 수메르인이 만든 설형문자는 BC 3세기부터 고대 오리엔트의 여러 나라에서 사용되었다. 남아 있는 고대 문학작품에서 추정할 수 있는 것은 운문과 산문 사용 상의 구별이다.

* 인간을 지배하며 공포를 주는 초자연적인 힘을 경외, 진정시키는 것은 운율이 있는 운문으로서 반복구를 비롯한 여러 시적 기법을 썼다. 또한 문자를 사용하지 않고 말을 기억하는 데에는 규칙성이 있는 말(운문의 최대 요소인 동일한 리듬의 반복인 운율)이나 두운頭韻, 각운脚韻 등의 형식이 중요한 도움이 된다.

이와 달리 사람들 간의 모든 관계, 예를 들면 계약 등을 기록한 것은 산문이었다. 그리스에서도 철학, 역사, 지지地誌 등은 산문으로 씌어졌으며 극을 비롯한 순문학적인 것은 모두 운문이었다. 이와 같은 전통이 계속 후대까지 이어져왔고, 산문이 문학에 널리 쓰이게 된 것은 18세기 이후의 일이다.

2. 유희본능설

* 인간은 본능적으로 유희를 즐기려는 본능을 가졌음. → Kant의

주장에서 시작 → H. Spenser 등으로 계승. 근대 미학의 토대가 되어 문학에 큰 영향.

* 무목적無目的의 목적성目的性 → 예술의 자율성에 초점.

3. 흡인본능설

* C. Darwin 등 진화론자들의 주장 → 인간에게는 남을 끌어들이려는 흡인본능이 있고 이 본능이 예술작품 창조.

4. 표현본능설

* W. H. Hudson 등 주장 → 인간은 자신의 사상과 감정을 남에게 이야기하고 싶어하는 강한 욕구를 지님. 문학은 이때 사상과 감정의 표현물. 즉 자기 표현의 욕구가 작품을 쓰게 하는 동기가 됨.

5. 사회학적 기원설

* 고고학, 인류학적 입장에서 예술현상을 설명 → Y. Hirn, E. Grosse, A. S. Mackenzie 등이 주창자.

* 문학예술의 발생을 실제활동과 관련된 실용성에서 비롯.

* (1) Hirn, 예술의 기원(本間久雄, 文學槪論, 東京堂, 1964, 141쪽 재인용)

'원시시대의 어떤 종족의 장식품을 자세히 연구해보면 오늘날 우리들에게는 단순한 장식품처럼 보이는 것도 사실은 옛날에 모두 그들 종족에게 있어서는 극히 실제적인 비심미적인 의미를 가졌음을 알 수 있다. …… 단순히 장식품뿐만 아니라 원시의 문학, 희곡 등의 연구에 있어서도 이 점에 있어서는 같은 결론에 도달하게 된다. 가령 원시적이고 예술적인 목적 이외의 어떤 다른 목적도 없는 것처럼 보이는 희곡이나 야만인의 무용도 실은 단순한 예술적 소산이 아니고, 그들은 그것으로 일상생활의 사냥하는 행동, 가령 짐승을 활로 쏘아 넘어뜨리는 연습을 겸하여 하는 것이다. 그 춤의 동작은 그들이 사냥하는 짐승들의 동작이며, 그들의 춤은 실상 실제적 의미를 띠고 있다. 요컨대 원시인 사이에 행해지고 있던 예술로서 비심미적 목적으로 성립되지 않은 것은 하나도 없다.'

(2) Grosse, 예술의 기원(백철, 문학개론, 21쪽 재인용)

'원시민족의 예술작품의 대부분은 순수무잡한 심미적 동기에서 이루어진 것이 아니고, 어떤 실제적 목적에 알맞도록 계획되어 있다. 차라리 실제적 목적이 먼저 있고 심미적 욕구가 다음에 생긴 것이다. 예컨대 원시인의 장식물은 주로 실제적 의미의 표지나 상징으로 만들어진 것이지 단순한 장식물로 고안된 것은 아니었다.'

_____제1강 연습문제

(1) 부동문학(浮動文學)에 대해 설명하라.

(2) 다음 사항을 한글전용으로 번역하라.

Literature is to limit it to 'great books' books which, whatever their subject, are notable for literary form or expession.

(3) 'great books=고전(古典)'에 대해 설명하라.

제2-1강

문학의 기원 – ㄹ

1. 모방본능설

* 문학은 언어를 수단으로 하여 우주의 모습과 인간의 경험을 재현한 것이라고 보는 입장.
* 문학은 인간이 천래적으로 지니고 태어난 모방의 본능이 작용하여 발생되었다는 것.
* 인간은 모방을 통해 희열을 느끼는 본성이 있고, 이런 인간의 심리가 문학을 발생시킨 요인이 되었다는 관점.
* 이 관점의 최초 주창자는 Platon → Aristoteles에 의해 체계화 → 17~18세기 신고전주의 시대에 이르기까지 서구문학론의 핵심을 이루어왔음.

(1) Platon(Plato)과 Aristoteles(Aristotle)의 모방론

2. Platon(Plato)의 모방론

* 실재는 눈에 보이는 현상적 대상이 아니라 형이상학적 진리 속에 있는 것이라 주장.

* 이 세상에 존재하는 만물은 하나의 허상 → 실재하는 만물의 피안에 영원불멸하는 절대적 질서와 조화의 진리세계가 존재한다는 것 → 눈에 보이는 만물은 이 절대적 진리의 허상 → 형이상학적 진리(idea)의 세계가 아닌 허상으로서의 대상을 그것도 겨우 언어로 모방이나 할 수 있을 뿐인 문학은 진리 세계에 도달할 수 없는 것으로 지적 → 이상국理想國에서 시인은 추방 → 시인추방론 → 문학을 부정.

3. 시인추방론

"…… 인기를 노리는 모방적 시인은 영혼의 합리적 원리에 만족을 주는 일에 목적하지 않고, 감정을 흥분하고 조장하고 강화시키는 일을 한다. …… 우리는 시가詩歌가, 말려버려야 할 정열에 영양분과 물을 준다는 사실을 잊어서는 안된다. 시가는 정열로 하여금 지배하도록 한다. 이런 정열이 통제받아야 하는데도 …… 그래서 시인을 몰약으로 기름바르고 그의 머리에다 양모羊毛의 화환花環을 얹어주고서, 우리는 그를 다른 도시로 쫓아보낼 것이다. ……"

(Platon, Republic, Vernon Holl Jr., A Short History of Literary Criticism, p. 4에서 재인용)

4. Aristoteles(Aristotle)의 모방론

* 스승인 Platon의 모방론을 보다 발전적 입장에서 전개 → 사람의 모방충동과 모방의 결과에서 느끼는 희열이 문학을 낳게하는 원동력

→ 예술과 문학의 독자성을 옹호.

　* 문학이 대상에 대한 단순한 모사에 그치는 것이 아님 → '사물이 그렇게 되어야 하는 상태'를 그림.
　* 문학은 있을 수 있는 사실을 모방하는 것 → 모방의 결과로서의 문학은 나름대로의 진리 구현 → 카타르시스[catharsis, 淨化]에 의해 즐거움을 준다는 개연성蓋然性의 이론을 체계화 → '시詩는 역사歷史보다 진실하다' → 문학을 긍정.

문학의 장르(genre)

1. 일반논의

* 문학의 종류를 밝혀 그 형식과 내용에 의해 분류한 것.
* 장르(genre)=종류=형태=양식=갈래 등으로 번역 가능.
* 공통적인 특성을 지닌 문학 작품들이 모여서 일관된 틀을 이룬 것. 어떤 작가가 어떤 틀을 선택하느냐 하는 것은 작가가 어떤 원칙이나 규범에 입각하여 창작에 임했다는 말과 같은 뜻.
* 장르에 대한 본질적 이해는 문학의 본질을 이해하는 일→ 시를 알아보고 이해할 수 있게 하는 것은 소설이나 희곡과 변별되는 시의 장르적 특성 때문.

2. 문학적 제도

* 장르는 문학적 제도 → 장르의 생성과 소멸은 작가에 의해 얼마

든지 가능.

　* 작가에 의한 장르의 생성, 소멸은 그것을 주창하는 뛰어난 개인을 필요로 함.

　* 그러나 장르의 생성과 소멸은 한 작가에 의해서만 가능한 것이 아니라 그런 움직임에 공감하는 많은 작가들의 동참, 추종이 필수적으로 수반되어야 함.

　* '문학의 종류인 장르는 일종의 제도이다. 마치 교회나 대학, 또는 국가가 하나의 제도인 것처럼. 그것은 동물이 존재하거나, 건축물, 예배당, 도서관, 신전이 존재하는 것처럼 존재하는 것이 아니라, 어떤 하나의 제도가 존재하는 것처럼 존재하는 것이다. 우리는 현존하는 제도를 통해 활동할 수 있고, 자기를 표현할 수 있으며, 새로운 제도를 창조할 수 있고, 가능한 한 정치나 제식에 참여하지 않고도 이런 일을 해 나갈 수 있다. 우리는 또 제도에 참여할 수 있지만 그것을 개조할 수도 있다.'

　(Wellek & Warren, Theory of Literature, p. 216)

3. 문학 장르의 종種 개념=일반적인 장르

　· 운문 …… 시
　· 산문 …… 소설. 수필. 희곡. 평론

4. 문학 장르의 속屬 개념=나라마다의 장르

* 한국문학의 경우
　· 운문 …… 한역가. 한국한시. 향가. 속요. 경기체가. 시조. 가사.

창가가사. 신체시. 근대자유시 등
· 산문 …… 설화. 패관문학. 만필. 시화. 한문소설. 한글소설. 판소리계 소설. 신소설. 근대소설 등

제2-2강

문학의 기능 – 1

1. 문학기능의 일반적 개념

* 문학작품은 어떤 목적으로 씌어지며 어떠한 효용을 가지는가.
* 작가는 왜 작품을 쓰고, 독자는 무엇 때문에 작품을 읽는가.
* 이같은 문제들에 대한 대답은 제각기 조금씩 다른 편차를 보여줌.
* 그러나 커다란 흐름으로 나누면 문학이 지니는 두 가지 기능, 즉 쾌락적 기능과 교시적 기능으로 요약.
* 르네상스 시대의 사람들은 문학의 목적을 교훈을 주는데 있는 것이라고 생각. 그들에게 있어 중요한 것은 교훈이지 문학의 미적 구조가 아니었다.
* 교시적 기능에 반기를 든 문학사조는 낭만주의. 그들은 인간 개개인의 감성을 추구하였으며 즐거움과 쾌락을 문학의 본령으로 생각하였다. 문학이 추구해야 할 방향은 실증적 진리가 아니라 시적 진리이며, 시적 진리는 합리적인 논증의 과정과는 관계없이 비합리적으

로 획득되는 것이라고 생각하였다.

 * 낭만주의의 쾌락적 문학관은 근대 사실주의의 대두와 함께 다른 양상으로 전개되었다. 사실주의, 자연주의의 발달 속에 문학 역시 과학적 사실의 기술적 처리에 지나지 않는다는 생각이 대두하게 된 것.

 * 따라서 문학의 기능이나 목적에 대한 견해는 문학이 인간에게 즐거움을 준다는 쾌락적 기능과, 인간을 가르치고 교화한다는 교시적 기능이라는 두 견해 사이를 오가고 있는 것.

2. 문학의 쾌락적(快樂的) 기능

 * 문학의 쾌락적 기능은 아리스토텔레스가 「시학詩學」에서 모방이 즐거움을 제공한다고 주장한 데서 그 연원을 찾을 수 있다. 실제보다 잘된 모방은 참된 아름다움과 즐거움을 준다는 것이다. 시체나 추악한 동물일지라도 그것이 아주 잘 모방되었을 경우에는 거기서 사람들은 즐거움을 느낀다고 주장.

 * 칸트(Immanuel Kant) → '무목적無目的의 목적설目的說' → 문학은 예술가의 상상적 창조물이다. 이 상상적 창조의 목적은 어떤 보수를 겨냥한 것이 아니다. → 자신의 만족과 고무를 위한 자유로운 상상의 유희. '무목적無目的의 목적目的'이다. 그 자체가 목적이고, 그 자체만으로 완전하며, 그 자체가 가치를 가지고 있는 것.

 '언어예술은 변론[辯論, rhetoric]과 시[詩, poetry]다. 변론은, 그것이 마치 상상력의 자유로운 유희인 것처럼 오성[悟性, understanding]의 진지한 일을 처리해나가는 예술이요, 시는 상상력의 자유로운 유희를 마치 오성의 진지한 일인 것처럼 행하는 예술이다. …… 미적기술[美的技術, fine art]은 이중의 의미에서 자유로운 기술이어야 하기 때문이다. 곧, 첫째, 예술은 보수를 받기 위한 작업이 아니다. 다시 말하면 일정한 기준에 따라 그 작업량이 평가되고 강요되어 임금이 지불되는 노동이 아니다. 둘째, 마음은 틀림없이 일에 종사하고 있으나, 그러나 이면裏面에는 어떤 다른 목적에 관심을 두지 않고(보수를 바라지 않고) 만족과 고무鼓舞의 느낌을 가지는 것이다.'

(Immanuel Kant, The Critique of Judgement, Trans. by J.C.Meredich, Oxford, At the Clarendon Press, 1962, pp. 184~185)

* 코울리지Coleridge → 예술의 효용은 '미美를 매개媒介로 한 쾌락'에 있다는 문학의 쾌락적 기능 옹호.

'The common essence of all the art consists in the excitement of emotion for the immediate purpose of pleasure through the medium of beauty'(Coleridge, On the Principles of General Criticism)

* 최재서 → 쾌락을,

 1) 하등감각에서 오는 관능적 쾌락

 2) 시각과 청각에서 오는 감각적 쾌락

 3) 이지理智에서 오는 지적知的 쾌락으로 구분

 → 문학적 쾌락은 관능적 향락주의와 속악성俗惡性을 경계하고 지적인 체험을 통한 쾌락이어야 한다고 주장.

'좀 더 복잡하고 비범한 체험이 작용할 때에 좀 더 넓고 깊어져서 좀 더 영속적인 쾌락이 발생한다. 이리하여 쾌락의 질과 영속성은 정신능력의 얼마나 많은 면이 그 속에 참여되었는가, 또 체험이 어느 정도로 지성의 계몽과 지도를 받아서 질서화되고 또 의미와 가치를 획득하는가 함에 따라 결정된다.'(최재서, 文學槪論, 56쪽)

3. 문학의 교시적(敎示的) 기능

 * 플라톤의 '시인 추방론'은 문학의 교시적 기능을 말해 주는 주요한 근거가 된다.

　공자孔子가 '詩三百一言而蔽之曰思無邪'라 한 것 역시 문학의 교시적 기능을 강조하고 있어 그 맥을 같이 하고 있다. 플라톤과 공자는 모두 문학이 진실을 제시하여 사람들이 이것에 접하여 깨달음을 얻을 수 있게 하여야 한다는 입장이다.

 * 루크레티우스Lucretius → 우주원자설을 운문으로 읊은 장편시 『자연계』 → 문학당의정설文學糖衣錠說 → 교시적 기능 강조.

　'의사가 어린애들에게 쑥탕을 먹이려고 할 때에는 그릇의 거죽 전면에다 달콤한 꿀물을 칠한다. 그러면 철없는 아이는 입술에 속아서 쓰디쓴 약을 마신다. 어린애는 꿀물에 속았다 할지라도 아무 해를 받지 않고, 도리어 그러한 수단으로 말미암아 건강을 회복하게 된다. 그와 마찬가지로 이 철학 속에는 너무도 쓴 내용이 들어 있기 때문에 나는 나의 추리를 운문으로 되는 달콤한 노래로써 제군들 앞에 바치려 했다. 이와 같이 시라고 하는 쾌적한 꿀을 발라놓으면 독자의 마음을 끌 수 있을 것이고, 독자는 건전한 철리와 그 유익성을 섭취할 수 있을 것이다.'

* 마르크시즘의 문학관 역시 공리적 목적을 지향하고 있음.

* 마르크시스트들은 예술의 발생 및 결정요인을 경제적, 계급적인 것에 귀착시킨다. 사회구조를 지배와 피지배의 관계로 파악하고 모든 예술은 피지배 계층의 해방을 위해야 한다고 주장한다. 따라서 예술은 계급의 이데올로기를 표현해야 하고 지배를 척결하기 위한 투쟁에 봉사해야 한다는 것이다.

* 다시 말하면 문학은,

  1) 형상形象을 빌어 현실을 반영하고,

  2) 현실의 개괄槪括과 전형적典型的 묘사를 하고,

  3) 계급적 관점으로 현실을 그려 계급적 이해를 옹호해야 한다는 것.

* '문학과 예술은 계급적, 형상적 인식의 수단, 그리고 현실에 대한 계급적 작용으로 규정할 수 있다.'(비모그라도브, 문학입문, 조선문예연구회 역, 신학사, 1948, 25쪽)

* 마르크시즘적 문학관은 문학의 자율성이 인정되지 않으며 문학이 투쟁의 수단으로 사용되어야 한다는 점에서 문제점을 가진다. 목적문학 혹은 프로파간다-선전문학이라고 할 수 있는 이러한 문학들은 문학의 공리성과 그 교시적 기능을 최대한 활용하려 한다는 점에서 공통적.

제2강 연습문제

(1) <유희본능설(遊戱本能說)>을 설명하라.

(2) 문학의 <사회학적 기원설>에 대해 설명하라.

(3) Platon의 <시인추방론>을 설명하라.

(4) Platon과 Aristoteles의 모방론을 대비하여 설명하라.

제3-1강

문학의 기능 – ㄹ

1. 문학기능의 포괄적 관점

  * '어떤 문학작품이 그 기능을 발휘하는데 있어 성공할 때에는 쾌락과 효용이라는 이 두 개의 특색은 공존할 뿐이 아니라 합체해 있어야 할 것이다. 문학이 주는 쾌락은 존재할 수 있는 여러 쾌락 중의 그 하나가 아니라, 한층 더 고상한 종류의 활동과 쾌락, 즉 이해관계를 떠난 명상이기 때문에 한층 더 고상한 쾌락이다고 주장할 필요가 있을 것이다. 그리고 문학이 가진 바 효용 – 그 엄숙성과 교훈적인 점 – 은 쾌락을 줄 수 있는 엄숙성, 즉 수행해야 할 의무의 엄숙성, 혹은 배워야 할 교훈의 엄숙성이 아니라, 미적인 엄숙성, 지각知覺을 주는 엄숙성인 것이다.'(Wellek & Warren, Theory of Literature, p. 31)

  * Wellek과 Warren의 문학기능에 대한 이같은 논의는 문학의 기능에 대한 종합적이며 현대적인 관점.

* 부연해서 말한다면 이렇게 설명할 수가 있을 것.

— 사과를 먹을 때 비타민 C를 염두에 두고 먹는 사람은 거의 없다. 사과를 먹는 것은 영양분이나 비타민을 얻기 위한 것이라기보다는 그 맛 때문이다. 사과가 지니고 있는 비타민 성분이나 영양분은 그냥 덤으로 따라오는 것에 지나지 않는다. 사과를 먹을 때 사람들은 맛과 영양분을 엄격하게 나누어 구별하지 않는다. 사과 맛을 향유하면서 동시에 영양분과 비타민을 섭취하는 것이다.

* 로마 신화에 나오는 야누스를 생각해 보자. 야누스는 다른 신들과는 다르게 머리의 앞뒤에 각각 얼굴을 하나씩 두 개의 얼굴을 가지고 있다. 동시에 양 쪽을 바라볼 수 있으므로 야누스에 맡겨진 일은 문을 지키는 파수꾼이었다. 1월을 뜻하는 영어의 'JANUARY'는 그 어원을 'JANUS'에 두고 있다. 새해 첫 달인 1월은 야누스처럼 두 개의 얼굴을 가진 달이다. 한 얼굴로는 지난해를 돌이켜 보고 다른 얼굴로는 다가오는 새해를 계획하고 설계한다.

* 문학의 기능은 야누스처럼 두 개의 얼굴을 가진다. 하나는 공리성과 실용성을 가진 교시적 기능의 얼굴이고, 다른 하나는 심미성과 쾌락성을 가진 쾌락적 기능이란 얼굴이다.

* 문학은 로마신화에 나오는 야누스처럼 이 두 개의 얼굴을 가지고 있을 때 비로소 맡은 바 소임을 다할 수 있다. 또한 문학은 공리적이고 실용적인 교시적 기능이란 바퀴와 심미성과 쾌락성을 가진 쾌락적 기능이란 두 개의 바퀴를 가진 수레다. 수레는 두 개의 바퀴가 있어야만 온전하게 제 기능을 수행할 수가 있다.

* "문학의 공리성이나 실용성, 심미성이나 쾌락성이라는 것도 그

개념을 새롭게 가다듬을 필요가 있다. 문학의 공리성이나 실용성은 성현 군자의 도덕적 교훈이나 설교로 받아들여서는 안된다. 그것은 이른바 '즐거운 진지성'이 될 때에 비로소 문학작품은 작품으로서의 값어치를 지닐 것이다. 문학도 분명히 지식의 한 갈래이고 보면 문학가들은 문학을 통하여 어떤 식으로든지 독자들에게 지식을 가져다 준다. 그러나 그 지식은 작가가 작품에서 노골적으로 드러내지 않고 숨길 때에 비로소 훨씬 더 설득력을 지닌다. 마찬가지로 심미성이나 쾌락성도 단순히 말초신경을 자극하는 저급한 쾌락이 아니라 좀더 차원 높은 즐거움이나 기쁨이야말로 참다운 쾌락이다. 문학을 두고 '정신의 모험'이니 '영혼의 모험'이니 하고 부르는 것도 바로 그 때문이다."(문학이란 무엇인가, 김욱동, 문예출판사, 1996, 105~106쪽)

시詩

1. 일반적인 안내

* 언어의 의미·소리·운율 등에 맞게 선택, 배열한 언어를 통해 경험에 대한 심상적인 자각과 특별한 정서를 일으키는 문학의 한 장르.
* 영어로는 'poetry' 불어로는 'poème'
* 일반적으로 시라 할 때는 주로 그 형식적 측면을 가리켜 문학의 한 장르로서의 시 작품(poem)을 말하는 경우와, 그 작품이 주는 예술적 감동의 내실內實적인 시정詩情 및 시적詩的 요소(poetry)를 가리키는 경우가 있다.
* poèm은 좁은 의미의 시로서 일정한 형식에 의하여 통합된 언어의 메아리·리듬·하모니 등의 음악적(청각적) 요소와 언어에 의한

이미지・시각 등의 회화적(시각적) 요소에 의해서 독자의 감각이나 감정 또는 그 상상력에 작용하여 깊은 감명이나 고양된 존재감을 제공하는 것을 의도하는 문학작품을 말할 때 주로 사용. 여기에서는 언어의 감화적感化的・정동적情動的인 기능을 최대한으로 발휘할 수 있는 언어의 선택・배열・구성이 요구된다.

　* poetry는 넓은 의미의 시를 말하는데, 시 작품뿐만 아니라 소설・희곡・수필 등의 문학작품에서 미술・음악・무용・연극・사진・영화・건축 등의 예술작품, 더 나아가서는 자연이나 인간사, 사회현상에 이르기까지 그 존재를 인정할 수 있다. 다만 이런 의미에서의 시는 대부분 일반적인 본질 그 자체이므로 그들 사이의 구별이 명확하지 않다고 이해해야 할 것이다.

제3-2강

시의 정의

1. 시의 정의

* 시의 정의에 대해서는 여러 가지로 논의가 있어 왔다. 그러나 여전히 시의 정의를 내리기란 어려운 문제이다.

* 에드거 앨런 포는 "시란 미의 운율적인 창조이다"라고 말했고, 매슈 아널드는 "시는 인생의 비평이다"라고 말하고 있다. 또 새뮤얼 테일러 콜리지는 시와 산문의 구별을 운韻의 유무에 따르지 않고 "산문은 좋은 말의 좋은 조합組合이다"라고 정의했다.

* 이런 정의들은 모두 시의 본질의 어떤 측면을 특별히 강조하여 말한 것이며, 오히려 이들 시인이 자기 작품을 입증하기 위해 정립시킨 시관詩觀이라고 보는 것이 올바른 파악이다.

* 그래서 T. S. 엘리어트는 '시의 정의의 역사는 오류誤謬의 역사'라고 했다. 말하자면 시에 대한 어떤 정의도 시의 일면만을 말한 것이지 시 전체를 말해주고 있지는 못하다는 의미다.

"시는 절규, 눈물, 애무, 키스, 탄식 등을 암암리에 표명하고자 하는 것, 또 물체가 그 외견상의 생명이나 가상된 의지로써 표명하고자 하는 그런 것, 또는 그런 것을 절조節調있는 언어로 표현하거나 재현하고자 하는 시도이다." - 폴 발레리

2. 시와 산문의 구별 - 폴 발레리(Paul Valéry)

* 시와 산문과의 차이라는 입장에서 볼 때 시란 일정한 운율(metre)과 압운(rhyme)을 가진 운문韻文을 말하는데, 구체적으로는 시작품을 성립시키는 각 시구(verse)를 가리킨다.

* 폴 발레리(Paul Valéry)는 이런 의미에서 시와 산문의 차이를 시는 무용舞踊에, 산문은 보행[步行, 걸음걸이]에 비유했다. → 산문은 보행과 마찬가지로 언제나 명확한 하나의 대상을 가지며, 그 대상을 향한 하나의 행동이므로 그 대상에 도달하는 것을 목적으로 한다. → 시는 무용과 마찬가지로 행위의 한 체계이기는 하나 오히려 그 행위 자체를 궁극의 목적으로 삼는다.

* 시는 무용과 마찬가지로 어딘가를 목표로 나아가는 것이 아니라 하나의 황홀한 상태, 생명의 충일감을 목적으로 하는 것이라는 뜻이다. 이 경우 보행과 무용의 공통점은 그때 사용되는 것이 육체라는 점인데, 이것을 시와 산문에 적용해보면 양자는 모두 언어를 사용한다는 것이 공통점이다.

* 산문에 사용되는 언어는 의미 기호로서의 언어, 즉 전달을 첫째 목표로 삼는 실용적인 언어인 데 비해, 시에 사용되는 언어는 독자들의 감동을 불러일으키기 위해 사용되는 언어, 즉 감화적・정동적인 기능을 지닌 언어다.

시의 기원

* 시의 기원은 역사 이전까지 거슬러 올라간다. 아마 언어 그 자체의 기원과 시의 기원은 동일하기 때문에 이에 관한 고찰은 모두 가설일 수밖에 없을 것이다.

* 일반적으로 원시 농경사회의 풍년을 비는 제례의식에서 읊었던 주문呪文으로부터 시가 비롯된 것이라는 데에는 의견의 일치를 보인다. 또 인간의 탄생이나 죽음, 구애求愛나 혼인 같은 강렬한 감동이나 기도 등에서도 특별한 언어활동이 필요했을 것이다. 여기에서 시가 기원하였을 것이다. 또한 농사 등의 집단 작업에서 그 리듬을 외쳐 끊임없이 공동체 의식을 확인하기 위해 불려졌던 노동요勞動謠에서도 유래되었을 것이다.

* 문자의 발명 이전에는 각 공동체의 존재이유, 역사, 습관, 규율 등을 노래에 의해 전승시킬 필요가 있었는데, 거기에서 기억하기에 편리하고 듣는 이들에게도 감동을 주는 운율형태를 갖춘 서사시나 교훈시가 생겨났다고 생각할 수 있다. 그러므로 어느 민족이나 그 문명의 초기 단계부터 종교적, 주술적 송가頌歌, 설화적 서사시, 서정적 가요 등을 가지고 있었으리라고 여겨진다. 그것을 반복해서 사용해 오던 중 점차 그 가사가 정해지고, 특별한 제의나 궁정행사 등을 중심으로 전문적인 낭송자가 생겨난 데 이어 전문적인 작사자도 나오게 되었을 것이다.

* 문자로 기록된 것들 중 현재 남아 있는 것으로는 고대 바빌로니아의 『길가메시 이야기Gilgamesh Epoth』(BC 2000), 고대 인도의 고대 서사시인 『마하바라타Mahabharata』, 『라마야나Ramayana』, 고대 이집트

의 『피라미드 텍스트』와 신들에게 바치는 찬가讚歌, 고대 그리스의 호메로스가 쓴 서사시 『오디세이아Odyssey』, 『일리아스Iliad』, 『구약성서』에 포함된 고대 히브리 민족의 운문시가서인 『시편』, 『아가雅歌』, 『예레미야의 애가哀歌』 및 『이사야』 일부와, 고대 중국의 『시경詩經』 등이 유명하게 알려져 있다.

시의 요소 — 1

1. 시의 언어

＊문학의 장르 중에서 시는 그 어느 장르보다 언어를 중요시 하는 예술이다. 그래서 시에서는 언어를 아주 독특한 각도에서 사용한다. 따라서 시를 이해하기 위해서는 먼저 시어詩語의 특성을 파악해야 한다.

＊일반적으로 언어의 기능은 대상을 지시하거나 뜻을 명쾌하게 드러내어 의사를 소통하는데 있다. 그러나 시에서는 사정이 달라진다. 시가 노리는 것은 독자를 감동하게 하는 일이며, 그런 목적을 효과적으로 달성하기 위해서 시는 그 언어에 독특한 기능을 부여한다.

＊소설이 구성이라든가, 내용에 의거하여, 그리고 희곡이 관중의 심리적 참여를 통해 감동을 불러일으키게 한다면, 시는 언어의 시적 조작을 통하여 독자를 사로잡는다고 할 수 있다.

＊이렇게 시인이 시적 조작을 통해 언어를 사용하는 것을 조사[措辭, poetic diction]라고 한다.

제3강 연습문제

(1) 문학의 2가지 기능을 설명하고, 포괄적 관점에서 문학의 기능을 논(論)하라.

(2) 시와 산문을 구별하라.

제4-1강

시의 요소 – ㄹ

1. 언어의 두 가지 사용법과 시어

* 모든 언어는 어떤 의미를 가짐으로서만 언어일 수 있다. 그런데 모든 언어는 대체로 두 가지 다른 의미를 가지게 마련이다.

* 첫째는 외연적外延的 혹은 논리적 의미로서의 객관성을 갖는 의미이고, 둘째는 내포적內包的 의미로서의 주관성을 벗어날 수 없는 의미이다.

* 하나의 언어가 외연적 의미로서 쓰일수록 그것은 과학적인 것에 가까워지고 그 언어가 내포적 의미로 쓰이면 쓰일수록 문학적인 것, 시적인 것에 가까워진다.

* 어떠한 언어도 실제적으로는 외연적 의미와 내포적 의미로 완전히 분리시켜서 쓰일 수는 없지만, 한 언어가 문학적으로 쓰여졌느냐 혹은 그렇지 않느냐 하는 것은 그 언어의 외연적 의미 혹은 내포적 의미가 어떻게 초점적으로 쓰여졌느냐에 의해서 결정된다.

* I. A. Richards는 언어를 과학적 용법(scientific use)과 정서적 용법(emotive use)으로 나누고 시의 언어를 정서적인 것으로 구별하여 시어를 정서적 용법에 의하여 쓰여진다고 하였다.

　"진술은 그것에 의해 제기되는 '지시'를 위하여 사용되는 경우도 있다. 이것은 말의 '과학적 용법'이다. 그러나 진술이라는 것은 그것이 제시하는 지시가 정서나 태도에 주는 효과를 위해서 사용될 수도 있다. 이것은 말의 '정서적 용법'이다. …… 말은 그것에 의해 성립되는 지시를 위해서 사용되는 일도 있으며, 그것에 의해서 제기되는 태도나 정서를 위해서 사용되는 일도 있다. 많은 경우 말을 배열함으로써 제기되는 것은 태도이다. 더우기 그 태도는 도중에서 아무 지시도 요구하는 일 없이 생긴다. …… 과학적인 말의 경우 지시가 어긋나 있으면 이미 그것만으로도 실패이다. 그것은 목적이 달성되지 않았기 때문이다. 그러나 정서적인 말의 경우에는 지시는 어긋남이 아무리 크게 나타난다 하더라도 문제가 제기되지 않는다. 즉 좀 더 나은 효과가 태도나 정서에 나타날 때에는 그것이 요구한 종류의 것이라면 지시의 어긋남은 문제가 되지 않는다.
　다시 말하면 말의 과학적 용법에서는 그 목적을 달성하게 위해서 먼저 지시는 정확하지 않으면 안 된다. 그런데 그것만도 아니다. 지시와 지시 사이의 연결이나 관계가 이를테면 논리적이어야 한다. 지시는 서로 다른 쪽을 방해해서는 안 된다. 그것들은 보다 나은 지시를 방해하지 않도록 조립되야 한다. 그러나 정서적인 목적을 위해서는 논리적인 조립은 필요하지가 않다. 그것이 오히려 방해까지 되는 경우도 있다. 많은 경우 사실 방해가 되어 있다. 그것은 지시에 의해 생기는 일련의 태도가 그것대로의 적당한 체제화를 가져야 하는, 즉 정서적인 상호 연결을 가져야 하는 것이 중요하기 때문이다. 그리고 그러한 태도를 낳기 위해서 사용되는 지시는 서로에 논리적인 관계를 가지지 않더라도 흔히 성립된다."(I. A. Richards, Principles of Literary Criticism, London, 1963, pp. 206~214, 'The Two uses of Language')

* 시어는 하나의 독립된 낱말이 아니라 문체 혹은 구조를 형성하는 한 부분에 지나지 않으며, 물론 이 부분들은 전체와의 맥락 속에서 바뀌어 지고 고쳐진다.
* 시어는 시라는 구조 혹은 유기적 통일성의 세계에 다른 부분들인 심상, 상징, 소리, 수사법 등과 긴밀하게 조화하면서 비로소 시어가 된다. 그것은 유기적 구조를 형성함으로써 그 몫을 다한다.

* 웰렉의 말을 빌리면 시는 구조이며, 구조를 이루는 양식이다. 모든 예술은 어떤 특정한 심미적 목적을 위한 기호들의 체계 혹은 구조이다.

2. 시어의 애매성

* 일상적인 언어의 기능은 가능한 한 명확한 의미를 전달하는 데 있다.
* 시어에서는 언어의 애매성을 통하여 정서적 깊이를 증대시킬 수 있기 때문에 활용하기도 한다.

* 언어는 원래 애매성의 요소가 있다고 울만(Ulmann)은 지적.
* 그에 의하면 언어학적 견지에서 동음이의어나 또는 하나의 소리

에 여러가지 의미가 결합되는 어휘적 다의성이 바로 언어가 의미에서 애매성을 가지는 이유(Ulmann, Semantics: An Introduction to science of Meaning, Chap. 7 참조).

  * 시어에 있어서 애매성의 원리는 일상적 언어의 특수한 예가 아니라 시어의 기본적 속성이기도 하다.

  * 시어가 일상적인 생활에 사용되는 외연적 의미의 언어가 아니라 함축적이며 압축적인 내포적 의미의 언어라는 점에 기인한다.

  * 리차즈가 시어의 특성을 정서적 용법의 언어라고 했을 때 그 정서적 의미의 언어는 주관적이지 않을 수가 없다. 사물과 1:1의 관계에 놓이는 과학적 용법의 언어와 태도나 정서에 따라 그 의미의 폭이 넓어지는 정서적 용법의 언어는 그 의미가 다를 수밖에 없다.

  * 정서적 용법의 언어는 서로 모순 충돌하는 사물을 한 문맥 안에 수용하기 때문에 시어의 의미가 모호해지는 것은 당연한 이치다.

  * 합리적 일관성을 지닌 객관적 언어와 정감적이며 정서를 환기하는 주관적 언어인 시어와의 상반된 거리에서 시어의 애매성은 드러나게 된다고 할 수 있다.

제4-2강

시의 요소 - 3 - 운율

1. 운율의 개념

* 운율은 시 속에 표현된 음성적 조직의 질서를 통하여 미감美感을 느끼게 해 주는 요소.

* 언어는 음성적인 조직으로 구성되어 있다. 따라서 언어는 음성적 조직이 이루어주는 음악성을 가지고 있다. 운율은 이러한 언어의 음악성을 보다 조직적이고 체계적으로 획득하려는 시인의 노력에 의하여 확보된다. 또한 운율은 언어가 갖고 있는 의미와 소리라고 하는 언어의 음성적인 요소가 유기적으로 결합할 때 제대로 된 기능을 가지게 된다.

* 객관적 운율 : 시의 표면에 나타나 있는 형식, 문체, 형태처럼 쉽사리 그 실체를 파악할 수 있는 것 = 정형율 = 외재율 = 외형율.

* 주관적 운율 : 시 속에 잠복되어 있어 실체 파악이 용이하지 않은

것 = 내재율 = 자유율 = 개성율.

　* 현대시의 운율은 이런 운율의 양면성에 대한 세심한 이해를 통해 효과를 극대화할 수 있도록 배려되어야 할 것이다.

　* '…… 리듬, 즉 운율은 말소리의 모든 요소를 포함하며 동시에 휴지休止 및 말뜻에까지 관련되어 있다. 따라서, 시에 있어서의 분석 및 분절, 구둣점의 종류 및 유무, 그리고 심지어는 우리 시에 있어서의 한글과 한자의 시각적 효과의 차이까지가 리듬과 불가분의 관계에 있다.'(김종길, 진실과 언어, 일지사, 1974 참조)

2. 운율의 종류

　* 운율의 종류에는 음수율音數律, 음성율音聲律, 음위율音位律이 있다.

　* 음수율 : 음절이나 음보의 규칙적인 반복에서 발생하는 운율 = 자수율字數律

　* 음성율 : 소리의 성격이라 할 수 있는 고저, 장단, 강약, 음질의 호응 및 규칙적 반복에서 발생하는 운율 → 한시漢詩의 평측운平仄韻이 대표적인 것으로 말해진다. → 영시英詩의 경우 음성율은 음보를 기본 단위로 하여 강세(stress)가 있는 음절과 없는 음절이 있어서 시를 읽을 때 음의 강약이 생기는 것. 그래서 음절이 모여서 운율의 기본 단위인 음보(foot)가 형성 되는 것이다. 그리하여 음보 - 시행[詩行, line] - 시연 [詩聯, stanza]이 전개됨.

　* 음위율 : 음이 놓이는 위치의 규칙성에서 발생하는 운율이 음위율. 그래서 음위율은 두운頭韻, 요운腰韻, 압운押韻[=각운脚韻]으로 음

의 규칙성이 발생하는 위치에 따라 세분되어 짐.

* 음수율의 대표적인 예는 한국의 시조時調

  어져 내 일이야 그릴 줄을 모로던가
  이시라 ᄒ더면 가랴마ᄂ 제 구틱야
  보내고 그리는 情은 나도 몰라 ᄒ노라

  — 황진이[黃眞伊, 조선 중종 시대 기생]

초장-3344 중장-3344 종장-3543

3. 한시漢詩 감상

牀前明月光 / 疑是地上霜 / 擧頭望山月 / 低頭思故鄉
-「靜夜思」- 이백[李白, 중국 당唐 나라 시인, 시선詩仙]

* 한시漢詩 - 당대唐代 - 당체시唐體詩 - 엄격한 정형시
* 한시漢詩의 경우 1행行이 5언言과 7언言의 두 가지
 - 오언시五言詩, 칠언시七言詩

* 절구絶句=4행시
 - 율시律詩=8행시
 - 배율시俳律詩=12행 이상의 시

* 절구絕句

渭城朝雨浥輕塵 / 客舍靑靑柳色新 / 勸君更進一杯酒 / 西出陽關無故人
  －「送元二使安西」－ 왕유[王維, 중국 당唐나라 시인]

雨歇長堤草色多 / 送君南浦動悲歌 / 大同江水何時盡 / 別淚年年添綠波
  －「送人」－ 정지상[鄭之常, 고려시대 시인]

* 율시律詩

風急天高猿嘯哀 / 渚淸沙白鳥飛廻 / 無邊落木蕭蕭下 / 不盡長江滾滾來 / 萬里悲秋常作客 / 百年多病獨登臺 / 艱難苦恨繁霜鬢 / 潦倒新停濁酒杯
  －「登高」－ 두보[杜甫, 중국 당나라 시인, 시성詩聖]

_____제4강 연습문제

(1) 시어(詩語)의 특성을 I.A.Richards의 이론으로 설명하라.

(2) 운율(韻律)의 종류에 대해 설명하라.

(3) 다음 한시(漢詩)를 한글전용으로 번역하고, 감상하라.

雨歇長堤草色多 / 送君南浦動悲歌 / 大同江水何時盡 / 別淚年年添綠波

제5-1강

시의 요소 — 4 — 이미지

1. 이미지의 개념

* 프레밍거(Alex Preminger)가 편집한 『시학사전』(Encyclopedia of Poetry and Poetics, Prinston University Press) → 이미지란 '신체의 지각작용에 의하여 제작되어지는 감각의 마음 속 재생'.

* 여러 image의 집합적 명칭으로 imagery란 용어를 사용하기도 한다. 이것은 넓은 의미에서 비유적 언어(figurative language)를 의미할 수도 있다. 그러나 보다 명확한 개념으로는 언어로 전달된 '감각체험'을 가리킨다.

* 이미지의 중요성이 특히 강조된 것은 이미지즘 운동을 통해서다.

* 이미지즘 운동은 1912년부터 1917년 사이 영국에서 성행했고 특히 미국에서 활발하게 전개되었다. 이 운동의 선구자는 에즈라 파운드(E. Pound)였다.

* 에즈라 파운드(E. Pound) → 시를 음악시(melopoeia), 회화시(phanop

oeia), 논리시(logopoeia)로 구분. 현대시는 멜로포에이아로부터 파노포에이아와 로고포에이아의 세계로 변화한다고 주장한다.

* 파운드에 의하면 파노포에이아는 시각적 영상이 독자의 마음 속에 묘사해 내는 '감각체험'의 시라고 말한다. 그리고 전형적인 이미지즘의 시는 자유시의 형태로 씌어진다고도 말한다. 관념이나 일반론이 아니라 시각적 대상이나 장면에 대한 시인의 반응을 정확하고 간결하게 묘사하려 한다고 주장. 주로 은유에 의해서 대상에 대한 시인의 인식을 표현하려 하지만, 하나의 대상에 대한 묘사와 또 하나의 다른 대상의 묘사를 병치시켜 표현하기도 한다고 말한다.

* 이미지즘 운동은 대상의 본질을 구체화하려는 현대시의 방향에 커다란 영향과 발전을 가져오게 하였다. 현대시에 있어서 이미지는 시의 육체와 같다. 이미지를 도외시하고는 시를 생각할 수 없게 된 것이 현대시의 면모다.

* 한 편의 시는 그 자체가 이미지의 한 단위이다.
그러면서 그 속에 여러 개의 이미지들이 포함되어 있다. 달리 말한다면 이미지는 시의 최소 의미 단위인 낱말 속에서부터 구현되어 나타난다.
* 낱말은 낱말들끼리 모여 하나의 시행을 이루고 그 속에서 심상을 묘사하고, 각 시행들이 모여 작품 전체로서의 심상을 구축하게 되는 것이다.
* 각 낱말의 이미지들이 행과 연, 그리고 작품 전체의 이미지들과 긴밀한 상호관계 속에 통일된 질서를 얻을 때 그 시의 구조는 공고하

다고 말할 수 있다.

2. 이미지의 유형

*『시학사전』

(1) 지각知覺이미지(mental image)

(2) 비유적이미지(figurative image)

(3) 상징적이미지(symbolic image)로 분류

* 지각이미지는 인간의 감각을 통해 구체화되는 이미지다.
* 인간의 감각기관에 의한 이미지 중 대표적인 것은 시각視覺, 청각聽覺, 미각味覺, 촉각觸覺, 후각嗅覺 이미지들이다.
* 시인은 때로 보다 효과적인 이미지의 창출을 위해 지각 이미지를 동시에 둘 이상 같은 대상을 두고 적용시킨다. 이때의 이미지를 공감각적共感覺的 이미지(synaesthesia image)라고 한다.
* 상징주의 시인들은 감각의 통일에서 사물을 더 깊게 느낄 수 있음을 믿고 청각과 후각, 촉각과 시각 등의 혼합, 즉 공감각을 추구하였다. 특히 E. A. 포오, A. 랭보 등의 작품에는 공감각적 표현이 현저하다.

'술 익는 마을마다 타는 저녁놀'
'휘청거리는 오후'
'요란한 냄새'
'아침 빛이 다시 삐걱거리면서 내려온다'
'분수처럼 흩어지는 푸른 종소리'
'오솔길은 피먹은 얼굴로 산비탈을 내려오고 있다' 등은 대표적인

공감각적 이미지에 의한 수사방법.

 * 비유적 이미지는 원관념(tenor)과 보조관념(vehicle)의 관계에 따라 이미지의 효과를 추구한다. 서로 다른 두 개의 사물을 연결시킴으로써 깊이 있는 인식에 도달할 수 있게 되는 것이다.
 * 비유적 이미지는 직유直喩, 은유隱喩, 의인擬人, 제유提喩, 환유換喩 등 여러가지가 있으나 시적 이미지로 대표적인 것은 은유와 직유이고 특히 은유가 많이 쓰인다.

  ㉮
  내마음은 호수요
  그대 저어 오오
  나는 그대의 흰그림자를 안고, 옥같이
  그대의 뱃전에 부서지리다
        - 김동명, 「내 마음은」에서

  ㉯
  사랑하는 하나님, 당신은
  나의 비애다
        - 김춘수, 「나의 하나님」에서

  ㉰
  강나루 건너서
  밀밭길을

  구름에
  달 가듯이
  가는 나그네.
        - 박목월, 「나그네」에서

㉮ ㉯ ㉰의 인용된 시구들에는 모두 비유적 이미지가 쓰이고 있다.

* 상징적 이미지는 한 편의 작품 속에서 반복적으로 쓰이면서 시가 지닌 분위기를 응집시킨다. 한 편의 작품 속에서 상징적 이미지는 상징 이미지가 반복되어 쓰임으로써 이루어지는 경우도 있고, 이미지가 중첩되어 쓰임으로써 이루어지기도 하는 것이다. 전자의 경우엔 상징 이미지가 확연히 드러나기 때문에 그것의 원관념도 쉽게 표면에 드러나게 되지만 후자의 경우 대체적인 윤곽만이 드러날 뿐이다.

㉱
벼는 서로 어우러져
기대고 산다.
햇살 따가워질수록
깊이 익어 스스로를 아끼고
이웃들에게 저를 맡긴다.

서로가 서로의 몸을 묶어
더 튼튼해진 백성들을 보아라
죄도 없이 죄지어서 더욱 불타는
마음들을 보아라, 벼가 춤출 때
벼는 소리없이 떠나간다.

벼는 가을 하늘에도
서러운 눈 씻어 맑게 다스릴 줄 알고
바람 한 점에도
제 몸의 노여움을 덮는다
저의 가슴도 더운 줄을 안다.
— 이성부, 「벼」, 전문

㉮
어떤 것은 명주실같이 빛나는 시름을
어떤 것은 재깍재깍 녹슨 가윗소리로
어떤 것은 또 엷은 거미줄에라도 걸려
파닥거리는 시늉으로
들리게 마련이지만
그것들은 벌써 어떤 곳에서는 깊은 우물을 이루기도 하고
손이 시릴 만큼 차가운 개울물 소리를
이루기도 했다.

處暑 가까운 이 깊은 밤
나는 아직 깨어 있다가
저 우뢰가 산맥을 넘고, 설레이는 벌레 소리가
강으로라도, 바다로라도, 다 흐르고 말면
그 맑은 아침에 비로소 잠이 들겠다.

— 박성룡, 「처서(處暑)」, 전문

㉯시에서는 '벼'라는 상징적 이미지가 확연히 드러나지만, ㉮의 시에는 상징적 이미지인 '벌레소리'가 확연하게 드러나지 않는다. 필요에 따라 상징적 이미지는 확연하게 드러나기도 하고, 중첩된 이미지의 무리로 나타나게 할 수도 있다.

제5-2강

시의 요소 — 5 — 비유

1. 비유의 정의

* 서로 다른 대상 간의 동질성을 발견하는 창조적인 언어작용이 비유다. 말의 부족과 부정확성을 극복하려는 사람은 이미 경험했던 사실이나 상상을 통하여 사물 상호 간의 유사성을 근거로 명확하고 풍부한 표현을 추구하게 된다.

* 원관념에다 보조관념을 결합하여 원관념을 명확히 드러내려는 시도가 비유를 발생하게 한다. 원관념(tenor)과 보조관념(vehicle)의 개념은 비유의 효과적인 이해를 위해서 I.A. Richards가 도입한 개념이다.

* 비유의 근거는 유추[類推, analogy] 즉 두 사물 사이의 유사성(similarity), 또는 연속성(continuum)에 있다. 이러한 비유는 직유[直喩, simile]와 은유[隱喩, metaphor]로 대별된다.

2. 직유

원관념과 보조관념을 '보다', '마냥', '인 듯', '같은' 등의 연결어(=접미사)를 통해서 연결한다. 이것은 비교와 동일의 형식으로 원관념과 보조관념 사이의 관계를 드러내주는 것이다.

* 하늘 같이 믿었던 사람이 배신을 하다니
* 초저녁 어스름이 고독같이 스며들고 있었다
* 그 소년은 아인슈타인 같은 학자가 되기를 소망했다

3. 은유

원관념을 a, 보조관념을 b라고 했을 때 a=b의 형태로 나타내는 비유가 은유다.

추상화되고 일반화된 의미에 가려진 대상의 본질을 생생하게 표출, 형상화할 수 있는 새로운 언어의 발견이 이미지와 비유의 형태로 나타나게 된다. 비유의 핵심이 은유임은 이 점을 시사해 주는 것이다.

* 내 마음은 가을의 낙엽
* 너는 장미, 나는 가시 - 우리는 한 몸인 것을!
* 사랑은 나그네 왔다간 금방 떠나는 정처없는 나그네

시의 요소 - 6 - 상징

* 어반(Urban) - 언어발달의 과정을 사실적 단계와 유추적 단계 그

리고 상징적 단계로 분류.

　*사실적 단계의 언어 – 원시인이나 아이들의 언어처럼 대상을 흉내내고 묘사하는 언어다.

　*유추적 단계의 언어 – 비유적 언어의 용법을 말한다.

　*상징적 단계의 언어 – 가장 높은 형태의 언어발달 단계.

　그러나 상징적 용법의 언어가 가장 높은 시적 성취도를 보장하는 것만은 아니다.

　1. 상징

　* 상징(symbol)은 '조립한다', '짜 맞춘다'는 뜻의 그리스어 동사 symballein에서 유래한 말. 그리고 그리스어의 명사인 symbolon은 부호(mark), 증표(token), 기호(sign)라는 뜻을 가지고 있다.

　* 어원적 의미로 보면 상징은 기호로서 다른 어떤 것을 '대신하는' 기능을 수행한다. 이것이 상징의 가장 기본적이고 일반적인 의미다.

　* 문학적 수사 용법에서의 상징은 이것과는 구별된다.

　* '문학적 상징은 내적 상태의 외적 기호.'(W.Y. Tindal, The Literary Symbol, p. 5)

　* 불가시적不可視的인 것을 암시하는 가시적可視的인 것이 상징이다.

　* 불가시적인 것은 원관념이고 가시적인 것은 보조관념.

　* 비유와 비교해서 말하면 상징은 비유에서 원관념을 떼어버리고 보조관념만 남아 있는 형태라고 할 수 있다.

노래가 낫기는 그중 나아도
구름까지 갔다간 되돌아오고,
네 발굽을 쳐 달려간 말은
바닷가에 가 멎어버렸다.
활로 잡은 山돼지, 매[鷹]로 잡은 山새들에도
이제는 입맛을 잃었다.
꽃아, 아침마다 開闢하는 꽃아,
네가 좋기는 제일 좋아도,
물낯바닥에 얼굴이나 비취는
헤엄도 모르는 아이와 같이
나는 네 닫힌 門에 기대 섰을 뿐이다.
門 열어라 꽃아. 門 열어라 꽃아.
벼락과 海溢만이 길일지라도
門 열어라 꽃아. 門 열어라 꽃아.

* 娑蘇는 新羅始祖 朴赫居世의 어머니. 處女로 孕胎하여, 山으로 神仙修行을 간 일이 있는데, 이 글은 그 떠나기 전, 그의 집 꽃밭에서의 獨白.

— 서정주, 「꽃밭의 獨白 — 娑蘇 斷章」, 전문

제5강 연습문제

(1) 공감각적 이미지를 설명하고, 공감각적 이미지에 해당하는 구절을 3가지 이상 써라.

(2) 비유를 설명하고, 직유와 은유의 예를 각각 3문장 이상 써라.

(3) 다음의 시는 서정주의 시 「꽃밭의 獨白 − 娑蘇 斷章」이다. 이 시의 시어들은 상징적 구조 속에 있다. 감상하라.

노래가 낫기는 그중 나아도
구름까지 갔다간 되돌아오고,
네 발굽을 쳐 달려간 말은
바닷가에 가 멎어버렸다.
활로 잡은 山돼지, 매[鷹]로 잡은 山새들에도
이제는 입맛을 잃었다.

꽃아, 아침마다 開闢하는 꽃아,
네가 좋기는 제일 좋아도,
물낯바닥에 얼굴이나 비춰는
헤엄도 모르는 아이와 같이
나는 네 닫힌 門에 기대 섰을 뿐이다.
門 열어라 꽃아. 門 열어라 꽃아.
벼락과 海溢만이 길일지라도
門 열어라 꽃아. 門 열어라 꽃아.

* 娑蘇는 新羅始祖 朴赫居世의 어머니. 處女로 孕胎하여, 山으로 神仙修行을 간 일이 있는데, 이 글은 그 떠나기 전, 그의 집 꽃밭에서의 獨白.

제6-1강

시의 요소 – 6 – 반어[反語, irony]

1. 반어의 개념

* 머리 속의 생각(뜻하는 의미, what is meant)과 겉으로 표현한 말(what is said)이 다를 때 이를 가리킴. 반어는 <거짓 꾸밈>을 뜻하는 말로, 표현하고자 하는 의도와는 반대되는 표현을 하여 '날카로운 멋'과 '예리한 감각'을 발휘하는 기법.

* 반어(irony)는 비유와 가장 대립되면서도, 비서정적인 성격을 띠게 되지만, 시의 주요한 장치의 하나다.

* 비유가 서로 다른 사물 사이의 유사성을 발견하는데 기여하는 언어의 기능이라면, 아이러니는 반대로 유사한 사물들 사이의 '차이성'을 발견하는데 기여하는 언어의 기능이다.

* 아이러니는 유사성이 관습적으로 지속되고 있는 상황들 속에서 그 유사성의 부정으로부터 출발한다. 유사성의 부정은 자아와 세계

의 차이성에 대한 관심의 집중현상이다.

　* 아이러니의 정신은 실제의 세계를 분석하고 비판하는 산문정신이며, 서사적 비전이다. 이것은 대상에 대한 이화작용의 소외효과를 창조하며 비판적 기능을 나타낸다.

　* 아이러니 시에서 시인의 시각은 철저하게 대상의 차이성에 초점을 맞춘다.
　* 문학적 장치로서 아이러니(irony)는 '변장[變裝, dissimulation]'의 뜻을 가리키는 그리스어 eironeia에서 유래했다. 어원적 의미로 보면 아이러니는 변장의 기술이다.
　* 수사학적으로 말하면 아이러니란 말해진 것과 의미된 것 사이의 '상충相衝'이다. 이면裏面에 숨겨진 참뜻과 대조되는 발언이 아이러니다.

2. 시에서의 반어

　　　　나 보기가 역겨워
　　　　가실 때에는
　　　　말없이 고이 보내 드리오리다.
　　　　　　　　　　　－김소월,「진달래꽃」, 부분

　　　　학생들의 교복이
　　　　자율화된 시대
　　　　운전기사 강씨네는
　　　　차고에 딸린 두 칸짜리
　　　　연탄방에서 산다
　　　　마누라는 안집의 빨래를 해주지만
　　　　밥은 따로 해먹는다

　　　　미스터 강은 레코드로얄을 끈다

　　　　　　　　　　　　　　　　　　— 김광규, 「二代」, 부분

시의 요소 — ㄱ — 역설[逆說, paradox]

1. 역설의 개념

　* 역설을 뜻하는 paradox는 'para(초월)+doxa(의견)'의 합성어다. 이것은 아이러니와 함께 고대 그리스에서 수사학의 용어로 이미 사용되어 왔으며 19세기 낭만주의시대에는 아이러니와 혼동되어 사용되었고, 20세기 신비평가인 브룩스가 '시의 언어는 역설의 언어다'라고 하여 현대시의 구조 원리로 내세우기까지 했다.

2. 반어와 역설

　* 역설은 엄밀한 의미에서 아이러니와 구별되면서도 흔히 혼동되고 있는 문학적 장치다. 이 혼동은 둘 다 모순을 통한 진리의 발견에 기여하며 서로 상반되는 모순을 내포하는 복잡성을 지니고 있는 데서 비롯한다.

　* 아이러니의 경우 진술 자체에는 모순이 없으나 진술된 언어와 이것이 지시하는 대상이나 숨겨진 의미 사이사이에는 모순이 생기는 반면 역설은 진술 자체에 모순이 생기는 것이다.

　* 시 속에서 화자인 시인이 의미하고자 한 것이 '귀엽다'인데도 불구하고 거꾸로 '얄밉다'로 진술하는 것이 아이러니이고, '살고자 하는 자는 죽을 것이고, 죽고자 하는 자는 살 것이다'라는 진술은 외견상 자기 모순에 빠져 있지만 그 속에는 진리가 숨어 있는 역설이 된다.

* 역설과 반어는 엄밀한 관점에서 구분되면서도 역설은 반어의 하위 범주나[축소법, 과장법, 언어유희(pun), 기지, 야유, 욕설, 풍자와 함께] 반어의 한 특징으로 간주되어 왔다.

3. 시에서의 역설

모란이 피기까지는
나는 아직 기다리고 있을 테요
찬란한 슬픔의 봄을
　　　　　　　　　　　　－ 김영랑, 「모란이 피기까지는」, 부분

우리들의 사랑을 위하여서는
이별이, 이별이 있어야 하네
높았다, 낮았다, 출렁이는 물살과
물살 몰아 갔다 오는 바람만이 있어야 하네
　　　　　　　　　　　　－ 서정주, 「견우의 노래」, 부분

비료값도 안 나오는 농사 따위야
아예 여편네에게나 맡겨 두고
쇠전을 거쳐 도수장 앞에 와 돌 때
우리는 점점 신명이 난다

한 다리를 들고 날나리를 불거나
고갯짓을 하고 어깨를 흔들거나.
　　　　　　　　　　　　－ 신경림, 「농무」, 부분

괴로웠던 사나이
행복한 예수 그리스도에게처럼
십자가가 허락된다면
　　　　　　　　　　　　－ 윤동주, 「십자가」, 부분

제6-2강

시의 요소 – 8 – 언어유희[言語遊戲, pun]

1. 언어유희의 개념

* 언어유희(pun)는 다른 의미를 암시하기 위한 말이나 다른 의미를 가진 같은 소리의 말을 해학諧謔的으로 사용하는 것을 말한다.

* 언어유희는 기지機智와 지적인 광채가 나타나고 풍자적 분위기를 갖는다.

* 언어유희는 일반적으로,
  ① 두 개의 뜻을 가진 단어의 사용(son은 아들과 christ의 뜻이 있음)

  ② 달리 표기되지만 같은 발음을 가진 단어의 사용(吳社長과 誤沙場, 再婚과 再混)

  ③ 꼭 같이 표기되고 발음되지만 다른 뜻을 가진 단어(배 – 과일, 신체의 부분, 교통수단)의 활용으로 나누고 있다.

2. 시에서의 역설

  靑山裏 碧溪水야 수이 감을 자랑마라
  一到滄海 하면 다시 오기 어려우니
  明月이 滿空山하니 쉬어 간들 어떠리

             - 황진이, 시조

  孤獨이 梅毒처럼
  꼬여 박힌 8字라면
  청계천변 작부를
  한아름 안아 보듯
  癡情같은 政治가
  상식이 병인양하여
  포주나 아내나
  빚과 살붙이오
  現金이 實現하는 現實 앞에서
  다달은 낭떨어지!

          - 송욱, 「何如之鄕-五」, 부분

시의 요소 - ㅁ - 시적화자[詩的話者, persona]

1. 시적화자의 개념

* 시적 화자는 시에서 시를 읽는 사람에게 말을 건네는 사람이다.
* 시를 말하기의 양식으로 보면 시적 화자는 시의 주인공이라고 할 수도 있다(C.Brooks).
* 시적 화자는 시인에 의해 창조된 허구적 자아自我. 시를 읽는 사람에게 말을 건네는 시 속의 주인공. 융(Jung)은 이 시적 화자를 퍼소나(persona)라고 불렀으며, 이후 시적 화자는 일반적으로 퍼소나라고

불러지게 되었다.

 * persona는 원래 고대 그리스, 로마 연극에서 배우들이 흔히 사용했던 가면假面을 가리키는 말 personando에서 유래한 연극 용어다. 이것은 처음 화자의 목소리를 집중시키고 확대시키는, 가면의 '입구(mouthpiece)'를 뜻하다가 배우가 쓰는 가면, 배우의 역할 등의 의미를 거쳐 드디어 어떤 뚜렷한 인물 혹은 개성을 가리키게 되었다고 라이트(George T. Wright)는 『The Poet in the poem』(Gordian Press, 1974, p. 9)에서 말하고 있다.

 * 시적 화자를 퍼소나로 부를 때 여기에는 특별히 강조하는 의미가 내포된다. 서정시라고 할지라도 지나치게 자기중심적이 아니라 '형식적'이라는 점을 강조하는 것이 그것이다. 여기서 형식적이란 물론 시인이 작품 속에 들어 갔을 때의, 실제와는 다른 예술적 존재양식을 가리킨 말이다.

 * '시 작품 속의 시인'은 시인의 경험적 자아가 시적 자아 즉 퍼소나로 변용, 창조된 것이지 시인의 실제의 개성 그 자체는 아니다. 이 양자의 구별은 실제세계와 작품세계의 차이에 상응한다.

 * 시적 화자를 실제의 시인과 구별되는 퍼소나로 부름으로써 결국 시도 하나의 허구虛構에 지나지 않는다는 예술성을 강조하는 셈이 된다.

◆ 시적화자를 시 속의 서정적 자아라고 부르기도 한다.

김소월의 「진달래꽃」에서의 시적화자=서정적 자아는 시인 자신이 아니라 '버림받은 여인'.

시의 분류 – 1

1. 고전적 분류

* 내용상에 의한 시의 분류라고도 할 수 있다.
* 서양 시에서 아주 일찍부터 사용해 온 방법.
* 서사시(epic), 서정시(lyric), 극시(dramatic poetry)로 크게 나누어진다.

(1) 서사시[敍事詩, epic poem]

* 민족, 국가의 역사나 전승 및 영웅의 사적事績을 각각의 사건에 따라 이야기식으로 기술한 것으로, 그 내용이 보다 객관적이고 긴 것이 특징이다.
* 서사시는 고대, 중세 시대에 많이 씌어졌다.
* 호머『일리어드』『오디세이』, 조선 초기『용비어천가』, 김동환「국경의 밤」, 신동엽「금강」, 정동주「논개」등

(2) 서정시[抒情詩, lylic poem]

* 개인의 내적 감정이나 그 주정적主情的 감회를 표현한 것으로, 근대시近代詩 이후 주류를 이루고 있으며 내용은 주관적이고 짧은 특징을 가지고 있다.
* 서정시를 가리키는 영어의 'lyric poem'은 고대 그리스 시대에 리라(lyra)라는 일종의 현악기絃樂器에 맞추어 노래를 부른 데서 유래된 말이다.
* 그리스의 여류 서정시인 사포(BC 612경~580경 활동)를 시작으로 해서 오늘에 이르는 유럽의 저명 시인들은 거의 모두 서정시인이라

고 해도 좋을 것이다.

 * 한국의 향가鄕歌, 가사歌辭, 시조時調, 속요俗謠 등도 대부분이 서정시의 범주에 속한다.

　(3) 극시[劇詩, dramatic poem]

 * 극시劇詩는 복수複數의 화자話者를 가진 표현 형식이다.
 * 주로 운문으로 씌어진 극劇을 의미한다.
 * 셰익스피어와 괴테 이후에 거의 쇠퇴하여 현대에 와서는 P.L.C. 클로델과 T. S. 엘리엇 등 몇 명을 제외하고는 산문극散文劇에 그 자리를 물려주었다.
 * 한국에서는 이 극시운동을 시인 장호가 시도했었다. 장호의 「수리뫼」는 한국 현대 극시의 대표적인 존재라고 할 수 있다.

_____제6강 연습문제

(1) 시적화자[詩的話者, persona]에 대해서 설명하라.

(2) 서정시[抒情詩, lylic poem]에 대해서 설명하라.

제7-1강

시의 분류 – ㄹ

1. 형태적 분류

　＊ 시의 형식이나 운율, 압운의 유무有無 등의 시적 구조면으로 보아 정형시定型詩, 자유시自由詩, 산문시散文詩 등으로 나눌 수 있으며, 이는 현대시의 형태분류법이기도 하다.

　(1) 정형시

　＊ 정형시(a fixed form of verse)는 시절詩節의 수, 각 시절을 구성하는 시구의 행수, 각 시구의 음절이나 음보의 수와 압운 등이 규칙적으로 정해져 있는 시를 말한다.
　＊ 한국의 경우에는 글자의 수에 따른 이른바 자수율字數律을 중심으로 정형적 형태를 만든 정형시로서 시조時調가 있다.
　＊ 에드거 앨런 포가 시를 '미의 운율적 창조'라고 정의했을 때, 그는 일정한 각운脚韻 구성을 갖춘 몇 개의 연으로 이루어지는 정형시를

염두에 두고 있었다. 규칙적인 운율은 시의 격조를 높인다거나 의미를 효과적으로 하는 데에 도움이 된다.

(2) 자유시

* 정해진 운율로부터는 자유롭지만 구어口語의 리듬을 바탕으로, 장단長短이나 강세를 활용해 새로운 운율을 창조한다.
* 자유시에 내포되어 있는 불가시적인 운율을 정형시의 가시적인 외형적 운율에 대해 내재율 혹은 자유율 또는 시인의 개성율이라고도 한다.

2. 자유시와 산문시散文詩

* 자유시(free verse)는 일반적으로 정형시와 대치되는 개념으로, 일정한 운율 법칙이나 형식적 기준으로부터 해방된 자유로운 시형을 말한다.
* 자유시에서 행과 연의 구분이 없이 산문적 형태로 쓰여진 시를 특히 산문시라고 한다.
* 산문시는 정신면에서 볼 때 시인이 의도적으로 시적 운율을 배제한 것이라고 말 할 수 있다.
* 산문시와 산문은 형태면에서 행과 연의 구분이 없다는 점에서는 일치한다. 그러나 산문시에는 산문에는 없는 시정신(poésie)을 담고 있다.
* 산문시가 하나의 장르로 인식되기 시작한 것은 보들레르의 산문시집 『파리의 우울』이 간행된 이후였다.
* 산문시의 형식이 성립되게 된 이유는 산문의 발달이라는 시대적 측면에서 살펴볼 수도 있을 것이다. 그러나 무엇보다 새로운 형식을

탐구하려는 시인들의 의욕의 소산이라고 보아야 할 것이다.

* 새로운 형식을 추구해 정형시의 틀을 벗어난 자유시조차도 이미 인습의 때가 끼기 시작했다고 산문시를 쓴 시인들은 생각했던 것이다.

3. 기타의 분류들

(1) 소재의 차이에 따라

* 종교시, 사상시, 정치시, 시사시時事詩, 전쟁시, 연애시, 생활시, 자연시, 풍경시, 전원시(목가) 등등

(2) 작자에 따라

* 여성시, 아동시, 농민시 등등

(3) 문학사조에 따라

* 고전시, 낭만시, 상징시, 초현실시, 민중시, 노동시 등등

(4) 시대에 따라

* 고대시, 근대시, 현대시, 전후시 등등

(5) 목적이나 성격에 따라

* 풍자시, 경구시, 교훈시, 격언시, 우화시, 축혼가, 진혼가, 패러디, 반전시, 낭송시, 전위시, 즉흥시 등등

(6) 장시(長詩)

　* 일반적인 시의 길이보다는 비교적 길게 쓴 시
　* 장시는 단일한 느낌이나 주제를 다루기보다는 포괄적인 주제를 다루는 경우가 대부분. 엘리어트의 「황무지」나 「J. A. 프루프록의 연가」와 같은 장시들이 그러하다.
　* 단일한 느낌이나 서정을 길게 늘여 쓴 시는 엄밀한 의미에서 장시라고 할 수가 없다.

(7) 연작시(連作詩)

　* 하나의 시적 주제 속에 포괄할 수 있는 제재를 동일한 제목으로 나눠 쓴 여러 편의 시.
　* 장시가 한 편의 작품으로 완결된 내용과 형식을 지니는 것과는 다른 차이점을 보인다. 연작시는 하나의 지배적인 주제 아래 씌여진 여러 편의 연작을 말한다.
　* 시인이 지속적인 관심사를 동일한 제목으로 묶어 여러 편으로 쓰게 되는 연작시는 따라서 한 편 한 편이 독자적인 완결성을 지향하게 되지만 또한 전체 연작들끼리의 상호 유대감도 필요하게 된다.
　* 한국에서는 황동규의 「풍장風葬」 시리즈가 대표적인 연작시로 말해질 수 있다.

제7-2강

한국의 시 – 1

1. 시詩와 시가詩歌

* 한국의 시를 시라는 용어 대신 향가, 가사, 시조, 창가 등의 명칭으로 부르는 것은 역사적 모습의 다양성과 용어의 다양성에 그 까닭이 있다.

* 이들을 가리켜 '시가詩歌'라고도 하고 '시詩'라고도 하는 것은 입으로 노래했는가 또는 글로 써서 읽었는가 하는 향유 방식의 차이에 기인한다.

* 예전에는 시가 입으로 구전口傳되는 것을 전제로 했었다. 그 구체적인 사례는 상대上代시가, 향가, 고려가요, 시조, 악장, 가사, 창가 등이며 이 장르에 속하는 작품들은 구전되었거나 구전된 흔적을 보여주고 있다.

* 시가는 시詩와 가歌가 합해진 형태. 시는 노랫말이고 가歌는 노래.

따라서 시가詩歌는 노랫말과 노래가 합해진 형태로 이해해야 한다.

* 시가 구전적 성격을 벗어나 글로 쓰고 눈으로 읽는 것으로 바뀐 것은 근, 현대시이며 이 시들은 노래로서의 자취를 율격을 통해서 보여주고자 한다. 그러므로 고전시대의 시를 시가詩歌라고 하여 근, 현대의 시와 구분하기도 한다.

2. 고대 시가

(1) 한역가漢譯歌

* 아득한 옛날 우리 민족의 시가 어떠했는가에 대한 기록은 많지 않다.

* 몇 가지 단편적인 기록을 통해서 그 편린이나마 엿볼 수 있는 것은 BC 2세기경부터이며 작품의 수도「공무도하가公無渡河歌」,「공후인箜篌引」,「황조가黃鳥歌」,「구지가龜旨歌」등 3~4편에 지나지 않는다.

* 이 노래들은 한자로 번역되어 전하므로 한역가라고 한다.

* 노래의 원모습은 알기 어렵고 그 노래들의 성격에 대해서도 해석이 구구하다.

*「공무도하가」는 흰머리를 풀어헤치고 강물에 빠져 죽은 남자를 뒤따르던 여인의 사연이고,「황조가」는 두 아내 중 달아난 한 사람을 뒤쫓다가 자신의 신세를 한탄하며 부른 노래여서 개인적인 정서를 드러낸 것으로 이해된다.「구지가」는 개인적인 정서보다는 임금을 맞이하기 위한 집단의 노래로 의식이나 노동에 관계된 것이었다.

(2) 향가鄕歌

* 향가는 신라 때에 창작되어 고려 초기까지 존속했던 장르로서, '사뇌가詞腦歌'라고도 부른다.

* 『삼국유사』에 14수, 『균여전』에 11수가 전한다.

* 한자의 음과 훈을 빌려 쓴 향찰鄕札로 표기 형식은 4, 8, 10구체.

* 내용은 다양하다.
- 노동요적 성격 - 「풍요風謠」
- 서정적 성격 - 「원왕생가」, 「제망매가」, 「헌화가」, 「처용가」, 「모죽지랑가」, 「찬기파랑가」 등
- 교훈적 성격 - 안민가 「우적가」
- 주술적 성격 - 「도천수관음가」, 「도솔가」, 「혜성가」, 「원가」
- 놀이적 성격 - 「서동요」
- 불교적 찬가 - 『균여전』에 전하는 11수는 「보현시원가普賢十願歌」라는 제목 아래 부처님께 10가지 기원을 하고 거기에 서시를 붙인 연작시

* 작자 - 「서동요」를 지은 어린아이부터 「풍요」를 지어 부른 다수의 불교 신도에 이르기까지 다양하지만 월명사月明師, 충담사忠談師, 신충信忠, 영재永才처럼 승려나 벼슬아치들이 상당수 있는데, 이것은 이들이 당시의 상층인이라서 기록으로 남게 되었던 것으로 추정된다. 어떤 학자는 이 이름들이 고유명사가 아니라 '월명'은 달이 밝았다는 사실과 관계되며 '충담'은 충성스러운 말이라는 뜻으로 보아 보통명사라고 해석하기도 한다. 「헌화가」처럼 작자가 '소 끌고 가던 노

인'이라고 알려진 것도 있고, '동해 용왕의 아들'로 지칭되는 '처용'처럼 정체를 확실히 알기 어려운 경우도 있다.

한국의 시 – ㄹ – 고려가요

* 고려 때 지어지고 불렸던 노래를 통틀어 고려가요라고 하는데 이들 노래가 민요적인 성격을 가지고 있다고 하여 '속요俗謠'라고도 한다.

* 고려가요의 노래말은 3, 4줄 정도로 짧은 길이를 가진 「유구곡」, 「상저가」, 「가시리」, 「사모곡」 등이 있는가 하면, 「처용가」나 「이상곡」처럼 긴 길이를 가진 것도 있고, 「서경별곡」, 「청산별곡」, 「만전춘」, 「쌍화점」, 「동동」, 「정석가」와 같이 4~5연에서 8연 또는 심지어 13연에 이르는 것도 있다.

* 작품명에 '별곡'이라는 말이 붙은 것에 주목해서 고려가요라는 명칭 대신에 '별곡'이라고 장르명을 붙이기도 하며, 그중에서도 「한림별곡」처럼 '위 경긔 엇더니잇고'라는 표현이 들어 있는 작품들을 따로 나누어 '경기하여체가景幾何如體歌' 또는 줄여서 '경기체가景幾體歌'라고도 한다.

* 고려가요의 주된 특징은, 대체로 작자를 알 수 없다는 점과 남녀 간의 애정이나 욕망을 거리낌없이 표현했다는 점, 그리고 민요에서 흔히 볼 수 있는 표현법이 많이 보인다는 점이다. 고려가요는 주로 조

선시대에 편찬된 『악장가사樂章歌詞』, 『악학궤범樂學軌範』, 『시용향악보時用鄕樂譜』 등에 기록되어 전한다. 이 문헌들이 모두 음악 책인 것으로 미루어 고려가요는 모두 가창歌唱되었음이 분명하며, 문헌의 성격이나 음악의 특성으로 보아 궁중의 음악 또는 적어도 상층인이 즐기던 음악이었음이 확실하다.

* 노래말의 적나라함이나 형식적으로 민요에 가까운 하층민의 노래가 어떤 계기로 궁중 또는 상층민의 음악으로 변화된 것으로 보인다.

* 유교적인 가치관이 지배하던 조선시대에 들어와 이런 특성이 '남녀상열지사男女相悅之詞'로 지탄을 받으면서 노래말을 바꾸거나 더이상 향유되지 못한 원인이 되었을 것으로 짐작된다.

한국의 시 - 3 - 악장樂章

* 조선 초기에 나라의 공식행사인 제례나 의식에서 악곡에 맞추어 부를 목적으로 지어진 노래

* 조선 건국의 필연성과 신성성을 정당화하고 강조한 『용비어천가』와 불교찬가라 할 수 있는 『월인천강지곡』이 두드러지며, 그밖에 조선 왕업을 송축한 정도전의 「신도가」, 작자 미상의 「감군은」, 「유림가」 등이 있다.

* 조선 건국의 필연성과 신성성을 정당화하기 위한 목적을 가지고 창작되었기 때문에 정도전, 정인지를 비롯해 수양대군에 이르기까지 새로운 왕조의 주인의식을 가진 사대부와 왕족이 작자의 대부분이었다.

* 형식은 『용비어천가』는 125장, 『월인천강지곡』은 580여 장의 길이를 가진 데 비해 다른 작품들은 4~8장에 불과하여 형식상으로는 차이가 많다.

———————————————————제7강 연습문제

(1) 한국 한역가(漢譯歌)에 대해서 설명하라.

(2) 향가(鄕歌)에 대해서 설명하라.

(3) 고려 속요(俗謠)의 정착 과정과 현전(現傳) 속요의 특징 등을 설명하라.

(4) 다음은 고려속요의 「청산별곡(靑山別曲)」이다. 비판적으로 감상하라.

살으리 살어리랏다 / 靑山애 살어리랏다 / 멀위랑 ᄃ래랑 먹고 /청

산애 살어리랏다 / 얄리얄리 얄량셩 얄라리 얄라 //

 우러라 우러라 새여 / 자고 니러 우러라 새여 / 널라와 시름한 나도 / 자고 니러 우니노라 / 얄리얄리 얄라셩 얄라리 얄라 //

 가던 새 가던 새 본다 / 믈아래 가던 새 본다 / 잉무든 장글란 가지고 / 믈아래 가던 새 본다 / 얄리얄리 얄라셩 얄라리 얄라 //

 이리공 뎌리공 ᄒ야 / 나즈란 디내와 숀뎌 / 오리도 가리도 업슨 / 바므란 또 엇디호리라 / 얄리얄리 얄라셩 얄라리 얄라 //

 어대다 더디던 돌코 / 누리라 마치던 돌코 / 믜리도 괴리도 업시 / 마자셔 우니노라 / 얄리얄리 얄라셩 얄라리 얄라 //

 살어리 살어리랏다 / 바ᄅ래 살어리랏다 / 나ᄆ자기 구조개랑 먹고 / 바ᄅ래 살어라랏다 / 얄리얄리 얄라셩 얄라리 얄라 //

 가다가 가다가 드로라 / 에졍지 가다가 드로라 / 사스미 짒대예 올아셔 / 奚琴을 혀거를 드로라 / 얄리얄리 얄라셩 얄라리 얄라 // 얄리얄리 얄라셩 얄라리 얄라 //

 가다가 빗브른 도긔 / 설진 강수를 비조라 / 조롱곳 누로기 믹와 / 잡스와니 내 엇디ᄒ리잇고 / 얄리얄리 얄라셩 얄라리 얄라 //

제8-1강

한국의 시 – 4 – 시조時調

* 시조는 고려 중엽에 발생하여 말엽에 와서 형태가 완성되어 창작되기 시작했다. 주로 향유된 시기는 조선시대에 들어와서다.

* 시조라는 명칭은 '고조古調'에 상대되는 뜻을 가진 음악의 명칭. 시절가조時節歌調가 줄어 시조가 되었다.

* 용어가 암시하는 바와 같이 시조는 음악에 맞추어 부르던 노래로 향유되었는데, 음악을 시조창이라고 한다.

* 시조는 초장初章, 중장中章, 종장終章의 3장으로 되어 있고, 각 장은 4개의 마디로 되어 있어서 전체가 대체로 45자 안팎이다.

* 각각의 마디는 대체로 3~4자로 되어 있는데, 다만 종장의 첫 마디는 3자를 반드시 지켰으며 둘째 마디는 5자 이상으로 되어 있음이 특이하다.

* 각 마디는 글자 수에 엄격한 제한을 두지 않으면서도 전체적으로

는 잘 정돈된 균형미를 지닌, 이러한 정형을 지닌 것을 가리켜 평시조
平時調

*하나의 제목 아래 여러 수의 평시조가 모인 것을 연시조[聯詩調, 連時調]라고 한다.

*연시조의 대표적인 작품으로 주세붕의「오륜가」, 이황의「도산십이곡」, 이이의「고산구곡가」, 윤선도의「오우가」등이 있다.

*사설시조는 시조의 기본형을 깨뜨려, 초장, 중장, 종장의 어느 한 장 이상이 제한 없이 자유롭게 길어지는 것을 특징으로 한다. 사설시조는 잘 짜여진 형식에서 자유로워지고자 하는 욕구에서 나온 파격적인 형태로 볼 수 있다. 따라서 주제는 평시조에 담아내기 어려웠던 파격적인 것이나 긴 사연인 경우가 많다.

*사설시조는 조선 영, 정조 이후 서민의식의 발흥과 더불어 생겨난 것으로 이해된다. 그런 탓인지 사설시조에는 작자를 밝히지 않은 작품이 많다.

1. 평시조의 내용의 주류主流

- 멸망한 고려왕조에 대한 회고 - 이색, 원천석, 길재 등.
- 새로운 왕조에 대한 찬양과 포부 - 맹사성, 김종서 등.
- 새로운 조선왕조가 내걸었던 경건주의적인 삶의 고무 - 이현보, 이황, 정철 등.
- 강호江湖에서의 안빈낙도安貧樂道 - 이이, 윤선도, 박인로 등.
- 압축된 형식에 개인적 정서의 표출 - 황진이, 임제 등.

*시조 내용의 주류를 보면 시조가 주로 사대부에 의해 향유되었던

데 기인하며, 그 계층과 긴밀했던 기녀妓女나 가객歌客들에 의해 창작되고 불렸던 전통과 관계가 깊다.

* 시조는 문자보다는 노래로 지어지고 전해졌다.
* 시조가 본격적으로 기록되기 시작한 것은 18세기 이후 -『청구영언青丘永言』,『해동가요海東歌謠』,『가곡원류歌曲源流』 등의 가집歌集이 만들어지면서였고 작품의 수는 3,500여 수에 이른다.
* 현재 전하는 시조의 노래말이 기록마다 조금씩 다르게 되어 있음은 시조의 구전문학적口傳文學的 성격을 입증해준다고 할 수 있다.

한국의 시 - 5 - 가사歌辭

* 가사는 3~4자로 된 마디가 2개씩 짝을 이루어 내용에 따라 제한 없이 길어질 수 있는 형식을 가진 장르. 길이가 길다는 특성과 관련하여 시조를 '단가短歌'라 하고 가사를 '장가長歌'라 부르기도 한다.

* 가사는 고려말에 나옹화상懶翁和尙이 지은 「서왕가」나 조선 성종 때 정극인이 지은 「상춘곡」을 그 처음으로 삼으며, 조선시대에 등장, 소멸했기 때문에 조선시대를 대표하는 시가 장르 가운데 하나로 손꼽는다.

* 가사의 내용
  · 경건한 삶을 추구 - 정극인 「상춘곡」, 이이 「낙빈가」, 허전 「고공가」, 이원익 「고공답주인가」, 박인로 「누항사」, 남도진 「낙은

별곡」 등.
- 자연의 아름다움을 그림 – 송순 「면앙정가」, 정철 「성산별곡」, 박인로 「사제곡」 등.
- 기행가사 – 김인겸 「일동장유가」, 홍순학 「연행가」, 유인목 「북행가」
- 종교가사 – 나옹화상 「서왕가」 사명대사 「회심곡」 – 불교가사
  이벽 「천주공경가」 – 천주교 가사
  최제우 「용담유사」 – 동학가사
- 실용(생활)가사 – 농가의 할 일을 노래한 정학유의 「농가월령가」, 여성들의 놀이를 묘사한 「화전가」류, 시집가는 딸에게 주는 교훈을 적은 「계녀가」류의 가사도 상당수.
- 기타 – 조선시대의 역사를 노래한 「한양가」, 정서적인 감회를 노래한 정철의 「사미인곡」과 「속미인곡」, 허난설헌의 「규원가」 등 – 가사야말로 무슨 내용이든 노래할 수 있는 장르로서의 특성을 보인다.

* 시대적으로 볼 때 임진왜란 이전의 가사가 두 마디로 된 구가 200구 안팎의 짧은 형식임에 반해 임진왜란 후에는 길이가 제한 없이 길어지는 변화를 보임.

* 대체로 사대부들이 작자로 밝혀진 경건한 내용에서 점차 대상을 해학적으로 묘사하면서 좀스러운 것들을 주제로 삼는 경향으로 바뀌어 감.

* 장형화 및 희화화된 묘사로 바뀌면서, 작가를 밝히지 않은 가사들 – 「우부가」, 「용부가」, 「노인가」, 「노처녀가」, 「규수상사곡」, 「과

부가」 등.

   * 장형화 및 희화화는 가사의 속성이 노래하는 장르로부터 읽는 장르로 변해가고 있었음을 말해준다.

제8-2강

한국의 시 — 6 — 개화기 시가

 * 한국에서 개화기에 해당되는 시기는 19세기 후반부터 20세기 초반까지를 말한다. 서양 문물의 전래와 국제정치의 갈등 속에서 정치, 사회, 문화적으로 커다란 변화를 겪게 되자 시詩도 그에 따라 변하기 시작했다.

 * 우선 일본을 통해 들어온 새로운 양식의 실험으로 신체시新體詩와 창가唱歌가 등장하고, 인쇄 매체인 신문과 잡지의 발간으로 개화시와 개화가사가 창작되는 등 새로움을 추구하는 경향과 옛 것에의 집착이 뒤섞여 나타났다.

 * 신체시는 주로 최남선에 의해 잡지『소년』을 중심으로「해海에게서 소년에게」,「꽃두고」등의 작품이 실험되었는데, 개화라는 목적을 지향하되 자유로운 율격을 시도했으나 더 이상 발전하지 못했다.

* 최남선은 일본의 음수율인 7/5조를 채용한 창가라는 형식을 도입하여 「경부철도가」, 「세계일주가」 등을 지어 선각자로서의 교훈적인 의도를 담았다.

  * 개화사상의 강조와 민족 보존의 고취라는 이중적 목적을 담은 개화시조, 개화가사 및 개화창가는 『독립신문』과 『대한매일신보』를 중심으로 독자 투고란에 실리게 되었다.

  * 개화기는 노래하는 시가詩歌에서 쓰고 읽는 시로 변화해가는 과도기라 할 수 있다.

한국의 시 – 7 – 근, 현대시

1. 1920년대 시

  * 1918년 『태서문예신보』에 김억이 '상징주의'를 소개하고 「봄」이라는 시를 발표하면서 시는 새로운 전환을 맞이한다.
  * 서구의 근대시로부터 배워들인 '읽는 시', '우리'가 아닌 '나의 정서로서의 시'라는 인식을 갖게 된 것이다.
  * 이런 경향은 『창조』(1919)라는 동인지에 발표된 주요한의 「불놀이」에서 더욱 구체화되는데 이 작품은 시가詩歌에서 시詩로의 전환을 보인 것이라 할 수 있다.

  * 시에 대한 인식이 이처럼 변화한 것과 3·1운동의 실패로 더욱 암담해진 현실은 병적인 개인의 정서 표출의 시로 몰아갔고, 『백조』,

『폐허』 등의 동인지를 중심으로 황석우의 「석양은 꺼진다」, 오상순의 「방랑의 마음」, 홍사용의 「나는 왕이로소이다」, 이상화의 「나의 침실로」, 박종화의 「오뇌의 청춘」, 박영희의 「월광으로 짠 병실」 등이 보여주는 바와 같은 병적인 어조의 슬픔을 표현하게 된다.

* 한편으로는 이상화의 「빼앗긴 들에도 봄은 오는가」, 김기진의 「백수의 탄식」, 임화의 「우리 오빠와 화로」 등과 같이 식민지의 현실을 표현하는 경향이 있었는가 하면, 이와는 달리 민족적인 것에 매달려 식민지 현실을 뛰어넘으려는 김억의 「신미도 삼각산」으로 대표되는 민요적 정서를 담은 시와, 변영로의 「논개」 등과 주요한, 이광수 등이 중심이 된 민요시 운동도 있었으며 양주동, 이병기 등에 의해 시조부흥운동이 펼쳐지기도 했다.

* 이 시기의 가장 훌륭한 시는 김소월과 한용운에 의해서 이루어졌다고 할 수 있다. 김소월은 「진달래꽃」, 「먼 후일」, 「접동새」, 「못잊어」, 「예전엔 미처 몰랐어요」 등에서 한국적인 정서를 적절한 율조에 담아냈고, 한용운은 「님의 침묵」, 「알 수 없어요」, 「복종」 등 불교적 발상법에 근거하여 삶의 본질을 꿰뚫는 시들을 발표해 한국시의 새로운 모습을 보여주었다.

2. 1930년대 시

* 1930년대는 정지용, 김영랑, 김광균, 이상, 김기림 등 시의 새로운 방법을 시도하는 시인들이 등장함으로써 현대적인 시로 변모하는 모습을 보여준다.

* 정지용은 「백록담」, 「향수」로 대표되는 시들에서 절제된 언어와 형상성을 추구했으며, 김영랑은 「모란이 피기까지는」, 「끝없는 강물이 흐르네」 등에서 개인적 정서의 절실한 표현을 추구했다.

* 김광균은 도시의 풍경을 회화적으로 그려낸 「와사등」, 「기항지」 등을 발표했다.

* 이상은 「오감도」로 대표되는 다다이즘 경향의 시를 발표했는가 하면, 김기림은 「바다와 나비」 등을 통해 신비한 이미지로 대표되는 참신성을 구현하고자 했다.

* 이러한 경향은 시창작의 방법에 대한 혁신을 통해 순수시의 예술성을 확보하고자 하는 노력의 결과라 할 수 있다.

* 식민지 현실의 참혹함에 대한 인식을 이야기하듯 드러낸 시도 있었다. 임화의 「제비」, 이용악의 「낡은 집」 등을 비롯해 백석, 오장환 등의 시는 일제의 탄압과 수탈이 강화될수록 민족과 민중의 열망이 강화됨을 노래하고 있다. 그러나 이들 작품은 한국의 남북전쟁인 6·25 이후 이들 시인이 월북했다는 이유 등으로 오랫동안 한국문학사에서 금기시되었다가 1980년 이후 논의되기 시작하였다.

3. 1940년대 시

* 1940년대는 8·15 광복을 중심으로 전기와 후기로 나눌 수 있다.

* 광복 이전 – 전기 시의 4가지 경향
(1) 1930년대 후반에 등장한 젊은 시인들에 의해 시도된 순수한 시
– 서정주의 「화사」, 「자화상」, 「귀촉도」, 유치환의 「깃발」, 「일월」,

「광야에 와서」 등은 순수 서정을 추구하면서도 근원으로서의 생명에 대한 관심을 가졌다는 뜻에서 '생명파'로 불리기도 한다.

(2) 민족의 현실을 전환된 표현으로 형상화한 시 – 이육사의 「청포도」, 「절정」, 윤동주의 「자화상」, 「또다른 고향」 등이 있다.

(3) 자연 속에서 아름다움을 추구한 시 – 박두진의 「향현」, 「해」, 조지훈의 「고풍의상」, 「봉황수」, 박목월의 「길처럼」, 「나그네」로 대표되는 이른바 '청록파'의 시이다.

(4) 일본 식민지 정책에 굴복하여 친일을 강조한 시 – 김동환의 「미영장송곡」, 이광수의 「새해가 왔네」, 김기진의 「가라, 군기 아래로, 어버이들을 대신해서」, 노천명의 「부인근로대」 등이 있다.

* 광복 이후 – 후기 시의 경향

* 광복과 더불어 시집의 출간이 활발하게 이루어지는 것과 함께 새로이 전개된 시의 경향은 우선 해방의 기쁨을 노래하는 것으로 나타났다.

* 순수시를 지향하던 시인들이 서정과 지성을 강조한 데 반해, 이용악의 「오랑캐꽃」, 박아지의 「심화心火」, 오장환의 「병든 서울」과 「나 사는 곳」, 임화의 「찬가」 등의 시집에서는 전투성과 이념성을 강하게 부르짖었고, 이러한 경향은 뒤에 남북이 분단되면서 시인들의 활동무대를 달리하게 했다.

제8강 연습문제

(1) 시조(時調)에 대해 설명하라.

(2) 1920년대의 대표적인 두 시인-김소월과 한용운의 시세계를 설명하라.

(3) 1940년대를 광복 전과 그 이후로 나누고 각각의 시적 경향을 설명하라.

제9-1강

한국의 시 — ㄱ — 근, 현대시

1. 1950년대 시

* 1950년대는 6·25 전쟁으로 시작되었으므로 남한과 북한의 시로 갈라져 전개되었다.

* 전쟁을 수행하는 동안 모윤숙의 「국군은 죽어서 말한다」, 유치환의 「보병과 더불어」와 같이 반공 애국의식을 고무함으로써 승전의식을 고취하는 시와, 조지훈의 「다부원에서」처럼 전쟁의 비극성과 자유의 소중함을 노래한 시가 씌어졌고, 구상의 「초토의 시」처럼 전쟁의 참상과 분단의 비극을 고발하기도 했다.

* 조향, 박인환, 김경린, 김규동, 김수영, 김춘수, 김광림 등 이른바 '후반기' 동인을 중심으로 한 시인들은 『현대의 온도』(1957)와 『전쟁과 음악과 희망과』(1957) 등의 시집을 발간해 도시와 문명과 전쟁 후

의 현실에서 방황할 수밖에 없는 지식인의 고민을 그려냈다. 이러한 경향은 순수시와 모더니즘적인 경향으로 나뉘어지기도 한다.

* 이동주의「강강수월래」, 박재삼의「피리」와「춘향이 마음」, 서정주의「귀촉도」로 대표되는 전통적 정서를 아름답게 읊은 시와 한하운의「보리피리」처럼 천형의 병을 앓는 고통을 담아낸 시도 나왔다.

2. 1960년대 시

* 1960년대는 4·19 혁명과 5·16 군사정변으로 설명되는 시대다.

* 시 또한 이러한 정치적 사건과 깊은 관련 속에서 전개된다.

* 4·19 혁명은 많은 격려시를 낳았는데, 박두진의「우리는 아직 깃발을 내린 것이 아니다」, 김수영의「푸른 하늘을」, 신동엽의「껍데기는 가라」등이 그것이다.

* 5·16 군사정변은 그러한 흥분을 가라앉히는 사건이었고 그 결과 시는 서정과 언어의 탐구라는 현실 외면의 방향으로 나아가게 되었다. 이 시기에 발표된 박남수의「새」, 김춘수의「처용」, 황동규의「삼남에 내리는 눈」, 오세영의「불」등은 감수성의 새로움을 추구하면서 언어의 아름다움과 이미지의 깊이를 통해 시의 순수한 세계를 추구한 것이다. 이와는 달리 현실을 고발하고 인간의 삶에 대한 애정과 관심을 노래한 이성부의「전라도」, 조태일의「국토」등은 억눌린 자의 울분과 자유민주주의의 시련 등을 드러낸 작품이다.

3. 1970년대 시

* 1970년대의 시는 정치적 경직성과 산업화가 불러온 모순에 대한 반동으로서 새로운 경향을 보여주었다.

* 김지하의 「오적」은 당대 사회의 정치와 경제에 나타난 부조리를 풍자하고 야유함으로써 시를 통한 참여를 보여주었다.

* 신경림의 「농무」, 고은의 「빈집을 지나면서」는 산업화에 따른 농촌의 실상을 고발했으며, 김광규는 「묘비명」을 통해 현실의 모순을 풍자했다.

* 순수 서정의 추구에서 문학성을 옹호하려는 노력이 송수권, 나태주 등에 의해 지속되었으며 많은 시인들이 이러한 경향의 시를 썼다.

4. 1980년대 시

* 1980년대의 시는 1970년대의 고발과 풍자의 시에서 한 걸음 더 나아가 민중을 옹호하고 대변하면서 이념을 지향하거나, 또는 기존의 예술에 대한 관점을 부정하고 노동자 스스로가 창작에 나선다는 노동시로 나아가는 경향을 보였다.

* 시는 시인이 아니라 일하는 노동자가 써야 한다는 주장도 나오고, 혼자서 쓰는 것이 아니라 함께 공동 창작해야 한다는 구호도 등장했다. 그러한 주장이 구체적 성과를 얻었는지에 대해서는 긍정적으로 평가하기 어렵다. 그러나 김정환의 「언 땅을 파내며」, 박노해의 「노동의 새벽」 등은 새로운 경향의 시임이 분명하다.

* 현실의 질곡과 뒤틀림을 고발하면서도 방법에 치중하는 경향을 보인 황지우의 「새들도 세상을 뜨는구나」 등은 또 다른 새로운 경향의 시이다.

5. 1980년대 시 한 편 감상

노동의 새벽

전쟁 같은 밤일을 마치고 난
차거운 소주를 붓는다
아
새벽 쓰린 가슴 위로
이러다간 오래 못가지
이러다간 끝내 못가지

설은 세 그릇 짬밥으로
기름투성이 체력전을
전력을 다 짜내어 바둥치는
이 전쟁 같은 노동일을
오래 못가도
끝내 못가도
어쩔 수 없지

탈출할 수만 있다면,
진이 빠져, 허깨비 같은
스물 아홉의 내 운명을 날아 빠질 수만 있다면
아 그러나
어쩔 수 없지 어쩔 수 없지
죽음이 아니라면 어쩔 수 없지
이 질긴 목숨을,

가난의 멍에를,
이 운명을 어쩔 수 없지

늘어쳐진 육신에
또다시 다가올 내일의 노동을 위하여
새벽 쓰린 가슴 위로
차거운 소주를 붓는다
소주보다 독한 깡다구를 오기를
분노와 슬픔을 붓는다

어쩔 수 없는 이 절망의 벽을
기어코 깨뜨려 솟구칠
거치른 땀방울, 피눈물 속에
새근새근 숨쉬며 자라는
우리들의 사랑
우리들의 분노
우리들의 희망과 단결을 위해
새벽 쓰린 가슴 위로
차거운 소줏잔을
돌리며 돌리며 붓는다
노동자의 햇새벽이
솟아오를 때까지

―박노해,「노동의 새벽」전문
- 시집『노동의 새벽』(풀빛, 1984 간행)에서

* 박노해 (1957~)
- 1958년 전남 함평 출생.
- 장흥 벌교 등지에서 자람.
- 15세에 상경해 선린상고(야간)를 졸업하고, 섬유·금속·정비

노동자로 일했으며, 경기도 안양에서 서울 개포동까지 운행하는 98번 버스를 몰기도 함.

　- 유신 말기인 1978년부터 노동운동에 뛰어듬.

　- 1983년 『시와 경제』 제2집에 「시다의 꿈」 등을 발표하면서 작품 활동을 시작.

　- 1991년 사회주의 혁명을 목적으로 한 남한 사회주의노동자동맹의 중앙위원으로 활동하다가, 안기부에 검거.

　- '반국가단체 수괴'로 무기징역을 선고 받음.

　- 1998년 8월 15일 정부수립 50주년 경축 대통령 특별사면 석방.

제9-2강

소설 – 1

1. 개념

* '소설이란 무엇인가'라는 물음은 시대와 사회에 따라 각각 다른 양상으로 나타나며, 이론가들의 문학관에 따라 여러 가지 관점에서 표명되어 왔다. 그 이유는 소설이란 장르는 고정된 것이 아니고 정신의 산물이며, 역사적 변천과 함께 무한히 그 모습을 달리 해 왔기 때문이다.

* 근대소설은 과거의 문학으로부터 두 갈래의 전통을 계승, 발전시켜 온 것으로 일반적으로 이해되고 있다. 'romance'의 전통이 그 하나이고, 다른 하나는 'novel'의 전통이다.

* '로망스'란 주로 유럽에서 사용한 용어다. 이는 중세 남유럽에서 방언인 로망어로 씌어진 환상적 이야기를 말한다. 중세 기사들의 무용담이라든가, 사랑, 모험의 이야기들이 여기에 포함된다.

* '노벨'은 영미에서 주로 사용하는 용어로서 새로운 이야기, 현실에서 실제로 일어나는 사실적인 사건에 관한 이야기라는 뜻이다.
　* 로망이나 노벨이란 이 두가지 용어가 의미하는 바와 같이 소설이란 환상적인 이야기이면서 동시에 현실적인 이야기라는 복합적인 의미를 애당초 지니고 있었다.

　(1) '소설은 대체로 연애를 우습고 재미있게 쓴 이야기다.'(S. 존슨)

　(2) '소설은 실생활과 풍습과 그것이 씌어진 시대의 그림이다.'(C. 리브)

　(3) '소설이란 생활에 대한 인상, 즉 직접적인 체험이다.'(H. 제임스)

　(4) '소설이란 적당한 길이의 산문으로 된 가공적인 이야기다.'(E. M. 포스트)

　(5) '소설은 이야기, 즉 인물의 성격에 대해서 꾸며 놓은 이야기다.'(C. 부룩스 & R. P. 워렌)

　(1)~(5)까지의 소설에 대한 정의를 종합하면 – '소설은 인생에 대하여 꾸며진 환상적이며 사실적인 이야기다.' – 그러나 이것은 소설의 어느 한 면만을 본 것이지 소설의 본질을 모두 다 이해한 것이라고 말하기는 어렵다. – 올바른 소설의 면모와 그 본질을 이해하기 위해서는 보다 깊고 넓은 천착이 필요하다.

2. 기원

* 소설의 기원 – ① 고대 서사문학 ② 중세 로망스 ③ 근대사회의 발달했다고 보는 세 가지 견해가 있다. 이러한 견해는 소설을 narrative, romance, novel 등의 용어로 지칭하는 경우에 대응된다.

* 서구문학에서 소설이라는 용어가 fiction, story 등 비교적 다양한데 비하여 동양문학에서는 소설小說이라는 한 개의 용어가 오래 전부터 사용되었다.

* 『장자莊子』(외물편外物編) – '대체로 작은 낚싯대로 개울에서 붕어 새끼나 지키고 있는 사람들은 큰 고기를 낚기 어렵다. 이와 마찬가지로 소설을 꾸며서 그걸 가지고 현의 수령의 마음에 들려하는 자는 크게 되기 어렵다'(夫揭竿累趣灌守鮒 其於得大魚難矣 飾小說以干縣令 其於大達亦遠矣) – 소설이라는 용어가 처음 보인다. 이때 소설의 의미는 꾸며낸 재담 정도. 당시 중국에서 정통의 문장인 詩, 史, 經에 대해 소설이란 것을 낮추어 보는 의미로 사용한 것으로 파악된다.

* 『한서漢書』(반고班固) – '소설가라는 것은 대개 패관에서 비롯된 것으로 소설이란 길에 떠도는 이야기와 항간에서 들을 수 있고 말할 수 있는 것들로 만들어진 것이다'(小說家者流 蓋出於稗官 街談巷語道聽塗說者之所造也) – 반고의 이 지적은 『장자』에 나오는 '소설'의 개념보다는 구체적. 소설이 패관들에서 비롯되었다고 보는 시각은 소설이 설화와 관계있음을 밝히는 부분.

* 소설의 현대적 개념은 대부분의 경우 서구의 근대사회 형성 이후

에 나온 novel의 개념이다. 따라서 서구에서의 소설의 현대적 개념은 동양에서의 소설이라는 용어와는 얼마간 거리가 있음을 알 수 있게 된다.

* 서구에서는 소설의 기원을 서사시에서 고찰 – 소설의 특성을 고대의 서사시가 갖고 있던 이야기(story)와 서술성(narrative)에서 비롯된다고 본다.

(1) 몰턴(R. G. Moulton) – '서사시는 이미 우리가 보아온 바와 같이 고대의 운문설화(verse – narrative)와 근대소설을 포함한다'.

(2) 허드슨(W. H. Hudson) – 서사시의 종류를 ① epic of growth(성장의 서사시) ② epic of art(예술의 서사시) ③ epic of human(인생의 서사시) 등 셋으로 나누고(W. H. Hudson, An Introduction to the Study of Literature, pp. 108~109), 근대소설을 인생의 서사시에 그 기원을 두고 있다고 설명 – 스콜레(R. Scholes)와 캘로그(R. Kellogg)가 함께 쓴 『The Nature of Narrative』, N. Frye가 소설의 기원을 보는 관점과 동일.

(3) 소설의 기원을 중세 로망스에서 찾으려는 견해 – 티보데(A. Thibaudet)가 대표적 – 스페인어, 프랑스어, 이태리어, 프로방스어 등 소위 라틴어(Lingua Latina)에 대한 방언(Lingua Romana)으로 쓴 이야기인 기사들의 용맹과 모험담 그리고 사랑 이야기 등이 뒤에 소설로 발전되었다고 설명.

(4) E. M. Forst – 중세 궁정의 살롱에서 싹이 터서 꽃 핀 것이라고 설명 – 이것은 근대소설의 한 속성으로 말해지는 환상성 혹은 낭만성에 근거한 설명으로 이해할 수가 있다.

* 소설의 개념을 근대소설로 좁힌다면, 근대사회의 발전과 더불어 출발 – 여기서 말하는 근대소설이란 novel을 가리키는 것 – novel은 16~18세기 프랑스어의 nouvelle과 이태리어의 novella 그리고 스페인의 novela에서 유래된 말 – 모두 소설이란 뜻으로 통용.

* novel – 일상생활 속의 인물이나 행위를 그리는 허구적 산문설화를 뜻하였으며, 이따금 과거의 일을 그리기도 하였지만 대개는 현재의 일을 대상으로 취하였다. 여기서 새로운 것, 신기한 것을 뜻하는 이태리어의 novella라는 말이 novel과 함께 사용되게 되었으며, 이 말은 더 사실적이고 비교적 길이가 긴 romance의 양식과 대립하게 되었다.
* novel이 소설이란 개념으로 일반화 되고 긴 분량의 이야기를 뜻하게 된 것은 romance가 본격적으로 쇠퇴하게 된 19세기 시민사회의 형성과 산업사회의 기틀이 마련되면서부터다.

* 결국 근대적 소설은 자아의식과 체험에 대한 표현충동에 의하여 이루어진 것 – 근, 현대소설의 기원을 근대사회의 발달과 함께 한 것으로 보는 견해는 설득력을 가짐.

제9강 연습문제

(1) 1980년대 시의 새로운 경향에 대해 설명하라.

(2) 소설의 개념을 요약해서 설명하라.

(3) W. H. Hudson이 말한 소설의 기원을 설명하라.

제10-1강

소설 – 1

3. 특징

(1) 허구성虛構性

* 르네 웰렉은 소설 전단계였던 '이야기'는 역사에서 비롯된 것이고, 소설은 '가공架空의 만들어진 역사'임을 강조.

* 소설의 전개에서 고찰하면, 로망스 작가들은 현실적으로 일어나기 어려운 일을 이야기로 만들어내는 것을 허구라 여김 – 근대 사실주의 이후의 작가들은 있을 수 있는 일을 그려내는 것을 허구의 개념으로 받아들임 : 허구虛構는 단순히 '사실의 재생'이라는 뜻 이외에 '진리와 진실의 전달'이라는 의미로도 해석.

* 마빈 머드릭의 허구의 두 가지의 형태

① '행위를 규정하는 언어'인 운문 형태의 허구 – 서정시에서 서사

시까지 포함하는 허구의 형태.
② '성격을 규정하는 행위'인 산문 형태의 허구 - 허구는 주로 단편, 장편소설을 가리킴.

(2) 모방성模倣性

* 플라톤이 모방을 저급한 상태의 것이 고급의 것, 완성된 것을 본뜨는 행위로 해석한 데 이어,
* 아리스토텔레스는 모방을 대상을 재현하고 재구성하는 창조적인 능력으로 재해석, 소설가는 일반적으로 그 작품에 사실의 권위를 부여하려고 한다.
* 초기의 소설에는 편지나 회상 등 실제로 일어난 사건을 말하는 것과 같은 방식으로 사실의 권위를 부여하려고 했다. 그래서 편지나 회상의 형태를 본뜬 것이 많았다.
* 에리히 아우에르바흐 - 소설에서의 사실주의 정신은 모방성을 통해서 구체화될 수 있다고 말한다. 일상사를 심각하면서도 정직하게 다루려는 데서 사실주의 정신은 형성될 수 있다고 보았다.

(3) 산문散文

* 소설 이전의 '이야기'는 내용이 다분히 과거와 연관되어 전설적이고 표현방식도 대부분 시적詩的. 그러나 소설은 진실성을 목표로 하기 때문에 일상어인 산문을 사용한다.
* 운문인 짧은 시로서는 일상에서 일어나는 사건이나 감정 등을 모두 드러낼 수 없으므로 산문을 통해 정확하고 진실되게 표현하려는 노력이다.

*인류 초기의 문학적 표현형태는 대부분 공적公的이고 낭송적朗誦的. 소설은 이러한 공적, 낭송적인 운문으로서의 전달에 얽매이지 않고 자유롭게 작가의 감정을 토로할 수 있는 산문으로서 그 문학 형식을 완성시킴.

소설 – 2 – 발전과 전개과정 – 1

1. 초기의 이야기 형식

　*서사시는 기존의 이야기 형식 가운데 제일의 위치를 차지하고 있고 호메로스에 의해 그 위엄이 크게 높아졌다. 소설이라는 새로운 형식과 서사시와는 깊은 관계를 가짐.
　*그리스에서 로망스 또는 소설이 생겨난 것은 서사시보다 훨씬 뒤의 일. 중세 유럽에서 문학의 부활도 이와 마찬가지. 영웅적인 문학이 먼저 생겨난 다음에 낭만적인 문학이 등장했다.

　*중세에는 민중의 일상생활에 가장 가까운 두 가지의 문학형식이 있었음.
　　① 도시 신흥 중산계급의 오락용 문학
　　② 대부분 하층민의 애욕에 얽힌 이야기 – 운문에 의한 일반 시정市井의 이야기라고 해야 할 '파블리오fabliaux' – 12~13세기 프랑스에서 발달.

▶ 보충설명

파블리오(fabliaux)

① 프랑스에서 13세기에 유행한 운문으로 된 짧은 이야기 약 150편.
② 「여우 이야기」와 더불어 신흥 시민계급의 조소적·풍자적인 정신을 대표하는 것으로서 근대 단편소설의 시조.
③ 작중 인물은 소시민·기사·사제·수사·농민 등으로서 얼간이 남편이나, 위선적인 사제가 지나친 장난의 희생자가 되는 따위의 단순한 줄거리의 소화笑話가 많고, 교훈적인 이야기도 있음.
④ 무명의 음유시인吟遊詩人, 학승學僧의 작품들이 대부분.
⑤ 「콩피에뉴의 세 맹인」, 「농군의사」, 「담요 나누기」 외外에 저명한 시인 뤼트뵈프의 『나귀의 유언』 등.

* 근대소설로의 첫걸음을 내디딘 것은 14세기 피렌체에서 발달한 보다 부유하고 교양 있는 상인계층의 대중 작품.

* 대표적인 것이 보카치오의 『데카메론』(1349~1351)으로 근대 단편소설의 기초를 마련한 작품이다. 이러한 문학형태를 극복하고 근대적 소설의 형태를 뚜렷이 보여준 작품은 세르반테스의 『돈 키호테』(전편 1605, 후편 1615).

2. 근대적 사실주의의 개화

* 근대소설이 일제히 개화, 결실을 보게 된 것은 18세기.

* 영국이 중심지 – 1642~1649년의 청교도 혁명과 1688년의 명예혁명을 거쳐 다른 나라보다 먼저 근대적 시민층, 즉 상인을 중심으로 한 중산계급이 사회적, 경제적 주도권을 장악하게 된 것과 깊은 관련

이 있음.

* 중산계급은 중세적 규범에서 벗어나 자기 주변의 생활과 사회를 있는 그대로 그릴 자신감이 생겨났고, 그러한 표현을 기쁘게 맞아들이는 새로운 독자층이 형성됨 - 첫 번째 작품이 디포(Daniel Defoe)의 『로빈슨 크루소Robinson Crusoe』(1719). 무인도의 표착이란 이상한 사건을 다루면서 놀랄 만큼 철저하게 사실 중심의 진실한 묘사로 일관 - 리처드슨(Samuel Richardson)의 『파멜라Pamela』(1740)는 당사자의 체험 중심이라는 방식. 시민적 생활방식의 자랑스러운 표현이라는 면에서 디포의 소설과 공통적.

* 『파멜라』는 여성을 주인공으로 택했다는 점에서도 한층 대담한 시민적 새로움을 발휘한 것. 이러한 주인공들은 중세 로맨스나 서사시에서는 생각할 수 없었던 선택. 이런 점에서 리처드슨을 '근대소설의 아버지'라고 부름.

제10-2강

소설 – ㄹ – 발전과 전개과정 – ㄹ

1. 소설의 황금시대

* 19세기에 소설 중심지가 영국에서 프랑스로 옮겨짐.
* 19세기는 철과 석탄의 시대이면서 동시에 소설의 시대.
* 소설이 문학 장르의 중심으로써 문학적 재능을 다양하게 흡수 – 소설을 통해 심리분석, 정서의 표현, 사회와 개인의 관계에 대한 다각적인 탐구 등이 이루어짐.

* 발자크의 연작 『인간희극La Comédie Humaine』(1842~1848), 스탕달의 『적과 흑』(1830), 『파름의 수도원』(1839)이 플로베르, 졸라와 나란히 근대적 사실주의라는 새로운 국면을 마련 – 이들 소설은 사회사적인 총체적 이해를 바탕으로 한 내용과 인간의 정념, 행동의 절박하고 강렬함 등이 잘 나타나 있음. 소설의 구성이 잘 짜여져 있고 문체도 대부분 일상어를 사용.

* 디킨스, 새커리, 엘리엇 등 영국 소설가들도 많은 활동을 함.
* 19세기 후반부터 고골리, 톨스토이, 도스토예프스키, 투르게네프 등에 의한 러시아 소설도 놀랄 만한 성장.

* 미국 소설도 N. 호손의 『주홍글씨The Scarlet Letter』(1850)와 H. 멜빌의 『백경Moby Dick』(1851) 등으로 개화기를 맞이함.
* 『주홍글씨』 – 17세기의 뉴잉글랜드를 무대로 젊은 유부녀와 목사와의 간통사건을 다룸. 생생한 과거의 분위기를 재현한 역사소설이면서, 청교도적 죄의식을 추구한 종교적 우화.
* 『백경』 – 태평양 위에 있는 고래잡이 어선을 무대로 여유 있는 어조로 그 실태를 묘사한 사실소설. 본체를 알 수 없는 거대한 힘에 도전당하고 질문하는 형이상학적 탐구소설에 해당.

2. 러시아 소설

→ 톨스토이의 『전쟁과 평화』(1865~1869), 『안나 카레니나』(1873~1877)는 넓고 풍성한 원근법으로 러시아 사회의 모습을 독자에게 잘 보여주고, 작중인물의 내면과 육체적 반응을 마치 손으로 만지는 듯 실감나게 묘사했다.

→ 도스토예프스키의 『죄와 벌』(1866), 『카라마조프의 형제』(1879~1880)는 악몽과도 같은 이상한 상황을 설정해서 극적인 기법으로 지루하지 않게 인물과 이야기를 끌고 갔고, 종교에 의해서만 러시아와 세계가 구제될 수 있음을 보여준다.

3. 현대소설의 방향

* 현대소설은 대체로 제1차 세계대전을 분기점으로 한다.

* 프루스트의 『잃어버린 시간을 찾아서』(1913~1927), 조이스의 『율리시스』(1922), 울프의 『등대로』(1927) 등은 소설의 새로운 방향에 대한 탐색이며 출발 - 이 작품들에 대해 '의식의 흐름' 또는 '내적 독백'이라는 비평용어가 사용됨 - 두드러진 내면화, 의식과 심리의 심층탐구가 공통된 특징.

* 현대소설에는 19세기 소설의 황금시대와 같은 안과 밖의 조화, 조응에 대한 확고한 신뢰는 보기 힘들게 됨.

* 소설 장르는 19세기 이후 정체나 쇠퇴의 시기에 들어서지 않았는가 의심받기도 함 - 19세기 소설이 종합적인 인간학이었던 데 반해 현대의 소설가들은 이러한 종합자 또는 개척자로의 자신감을 잃음 - 현대소설은 사소한 개인적인 진실에만 집착하거나 순수하게 언어 전문가로 스스로를 한정시켜 오로지 언어표현과 형식 실험에만 집중하는 경향도 두드러지게 나타남.

* 무정형성無整型性을 특징으로 하는 소설이 쇠퇴 하지는 않을 것이라 전망됨.

* 19세기처럼 소설이 여러 장르의 왕이라는 위치를 유지하기는 힘들다 하더라도 학문과 노동의 전문적 분화가 진척됨에 따라 오히려 인간성에 대한 종합적이고 전체적인 파악 및 표현이라는 과제가 점점 더 절실해짐으로 최근의 소설 위기론에 대해 달리 생각하는 입장

도 있음.

　* 고대 그리스 문화의 완결된 조화의 세계가 붕괴된 이후 인류사회의 기본적인 특징은 '총체성의 상실'이며, 소설은 이러한 위기상황에서 상실된 또는 숨겨진 삶의 총체성을 찾아 이를 형상화하는 것이 본질. 소설은 본래부터 위기의 산물로써 탄생하여 위기 극복의 노력을 자기 발전의 길로 밟아 왔으며 그 길은 앞으로도 지속될 것이라고 전망해 볼 수 있음.

소설 – 3 – 기본요소 – 1

　* 소설의 기본적인 요소는 논자들의 관점에 따라 매우 다양한 양상을 보이고 있으며 각 요소들에 대한 중요도의 인식도 각기 다르다.

　* 가장 일반적인 소설의 기본요소는
　① 주제[主題, theme] ② 구성[構成, plot] ③ 문체[文體, style] ④ 등장인물의 성격[性格, character] ⑤ 배경[背景, setting]을 들 수 있고, 기술적 記述적인 문제인 서술방법에 있어서의 ⑥ 시점[視點, point of view]을 추가할 수 있다.

　① 주제[主題, theme]
　* 주제(theme)란 소설이 전개하는 이야기 즉 스토리 속에 함축되어 있는 것.
　* 주제는 독자가 소설을 읽어 나가면서 발견하는 스토리의 의미.

* 주제란, 작가의 측면에서 볼 때, 작품 속에 구체적으로 나타내려는 작가의 의도 또는 작품의 핵심적 의미 - 주제란 소설의 시초요 전부 - 따라서 소설의 형태를 이룰 수 있는 축이 되는 작가의 기초적 재능은 주제 발견의 능력에 있다고 할 수 있다(P. Lubbock, Craft of Novel, p. 23 참조).

* 주제란 소설 제작의 출발점이며 종착역 - 결국 작가가 작품의 소재에 대하여 내린 해석이나 부여한 의미가 주제가 된다.

* 주제主題와 제재題材

① 주제가 소설에서 작자가 말하고자 하는 그 무엇에 해당되는 것, 제재는 주제를 낳기 위해 동원되는 재료나 근거.
② 제재는 특수한 상황이나 경우를 일러주는 것, 주제는 이러한 제재의 속성을 추상화 내지 일반화하여 얻은 것.
③ 주제가 목적이라면 제재는 그 목적의 효과적인 수단이나 구체적인 과정.
④ 주제는 추상화의 산물이지만 제재는 구체적인 것이다.
⑤ 결국 주제란 창작과정에 있는 작가에 의해서, 그리고 독서 중에 있는 독자에 의해서 발견되는 작품의 전체적인 의미.

* 주제에 대해서는 작가의 인생관과 세계관을 뜻하는 것.
* 구체적으로 작가가 작중 인물에 대해 가지고 있는 느낌을 추상화한 것.
* 또 사건, 인물, 배경 등 여러 요소를 통합시켜주는 형이상학적 에너지.

* 로버트 스탠턴 – 주제는 "스토리에 어울려야 한다" – ① 주제는 스토리 속에 있는 뚜렷한 디테일(detail)에 대해 적합한 설명을 할 수 있어야 하며, ② 주제분석의 결과는 스토리의 어떤 디테일과도 모순되어서는 곤란하고, ③ 스토리 속에서 분명하게 표현되지 않았거나 암시되지 않은 증거에 근거를 두고 주제 분석을 꾀해서는 안 되며, ④ 주제 분석은 스토리에 의해 직접 암시되어야 한다고 주장.

* 주제는 스토리에 의해 암시되어야 하고 제작 구조로서의 통일성을 지니고 있어야 한다.

* 작가가 한 작품에서 여러 가지 주제를 드러내려 한다면 그것은 지나친 욕심이고 대부분의 경우 작품으로서 성공하기가 힘들게 된다.

제10강 연습문제

(1) 소설의 특징을 3가지 정도로 말하고, 각각을 설명하라.

(2) 소설의 주제(theme)에 대해 설명하라.

제11-1강

소설 – 3 – 기본요소 – ㄹ

② 구성[構成, plot]

* 플롯(plot)을 구성構成 또는 구조構造라고 번역하기도 하나 플롯이라는 용어 자체가 일반화되어 그대로 사용하기도 한다. 플롯의 어원은 일반적으로 아리스토텔레스의 『시학』에 나와 있는 'mytho'에서 찾는다.
* mytho는 플롯 말고도 '스토리'라는 뜻을 내포하고 있다. 그러나 플롯과 스토리는 구별해야 한다.

* N. 프라이는 플롯을 '차창을 통해 시선을 집중시키는 나무들과 집들', 스토리를 '앞마당에 내던져진 잡초와 돌들'이라고 비유 – 여기서 플롯은 일종의 연속성을 지닌 동적인 구조, 스토리는 개체성을 지닌 정적인 구조.

* E. M. 포스터는 플롯을 '인과관계에 중점을 둔 사건의 서술', 스토리를 '시간의 순서에 따라 정리된 사건의 서술'이라고 보았다.
* E. M. 포스터 -『소설의 양상樣相』(Aspect of Novel)

'스토리는 시간적 순서대로 배열된 사건의 서술이다. 플롯도 사건의 서술이지만 인과관계에 중점을 둔다. <왕이 죽고 왕비가 죽었다>하는 것은 스토리지만, <왕이 죽자 그 슬픔을 이기지 못하여 왕비도 죽었다>하는 것은 플롯이다. 시간적 순서는 그대로 가지고 있지만, 인과감이 이에 그림자를 드리운다. 또 <왕비가 죽었다. 아무도 그 까닭을 몰랐더니, 왕이 죽은 슬픔 때문이라는 것을 알게 되었다> 한다면 이것은 신비를 간직한 플롯이며 고도의 발전이 가능한 형식이다. …… 왕비의 죽음을 생각할 때, 이것이 스토리에 나오면 'and' 하지만, 플롯에 나오면 'why' 한다. …… 우리는 여기에서 美의 문제와 만나게 된다. …… 플롯은 소설의 논리적이고 지적인 면이다.'

* 플롯의 수법은 작품의 소재나 작가의 예술적 의도에 따라 달라진다. 따라서 소설의 내용도 기본적으로 일상적인 삶에서 직접 취하기는 하지만 그것을 소설화하는 방법은 삶과 꼭 일치하지는 않는다.
* 빅토르 슈클로프스키 - 플롯은 '스토리가 낯설게 되고 창조적으로 뒤틀려지고 소외되게끔 하는 방법을 제시하는 것'이라고 정의.

* 소설의 플롯에 대한 두 가지 논의
    ① 형태론적 플롯론 : 플롯을 일정한 예술적 효과를 낳는 데 필요한 서술상의 기술로 보려는 것.
    ② 주제론적 플롯론 : 플롯을 인물, 사건, 사상 등 소설의 여러 요소

를 보다 효과적으로 정리하고 종합하는 본질적인 힘으로 보려는 것.

* 플롯은 기교나 주제 어느 쪽에 중심을 두었느냐에 따라 많이 달라지게 된다.

* 플롯의 전개과정

　－아리스토텔레스 : 갈등, 위기, 해결의 3가지
　－구스타프 프라이타크 : 해설, 분규, 위기, 절정, 결말의 5가지

* 아리스토텔레스와 구스타프 프라이타크의 전개과정을 기본으로 많은 이론가들이 자기가 만든 용어로 플롯의 전개과정을 설정하고 분류.

　－P. 굿맨은 진지한 플롯, 희극적 플롯, 소설적 플롯
　－노만 프리트만 : 운명(사건)의 플롯, 인물(성격)의 플롯, 사상의 플롯

1. 가장 일반적인 플롯의 전개과정

브룩스(Brooks)와 워렌(Warren) : 『소설의 이해』(Understanding Fiction) － 발단(exposition)─갈등(complication)─절정(climax)─대단원(denouement)

(1) 발단(exposition) － 소설이 처음 시작되는 부분

사건의 윤곽이 드러나고 등장인물이 소개되고 배경이 제시된다.

이 부분에서 호기심을 유발하여 독자로 하여금 소설의 세계 속에 흡인되도록 하려고 많은 작가들은 발단 부분을 쓰는 데 고심한다.

(2) 갈등(complication) – 발단이 발전하여 분규를 일으키는 부분

사건과 사건이 복잡하게 얽히거나 등장인물의 내적 갈등 또는 외적 갈등 등이 일어나면서 대립하는 양상이 전개된다. 플롯의 핵심이 되는 갈등 부분은 인과관계에 의하여 설정되며, 이야기가 발전하는 부분이며, 주제와 긴밀하게 연관되어 전개된다.

(3) 절정(climax) – 갈등이 고조되어 최고점에 이른 순간

갈등에서는 대립되는 요소들이 어느 정도 평형을 유지하지만, 절정에서는 그 대립이 첨예화하여 균형이 와해되고 분규가 해결되려는 조짐을 보인다. 그리하여 결말이 필연적으로 나오게 되는 순간이다.

(4) 대단원(denouement) – 소설의 결말

주인공의 운명이 분명해지고, 문제가 해결되는 부분이다. 어떤 작품에서는 절정으로 끝나는 경우도 있으며, 어떤 작품은 그간의 사건의 양상에 대하여 설명하여 주는 경우도 있다. 그리고 이 부분에서 주제가 해명되기도 하므로 결말은 수레바퀴의 축과 같다고도 말한다. 대단원은 작가가 가장 심혈을 기울이는 부분이며, 독자로서는 가장 깊은 감동과 인상을 받는 부분이다.

소설 – 3 – 기본요소 – 3

③ 문체[文體, style]

* 문체(style)의 의미는 소설의 문장文章에 나타난 개성적인 특징
* 문체는 세 가지의 관점에서 말할 수 있다.

(J. M. Murry, The Problem of Style, pp. 4~8 참고)

  (1) 저자를 인지할 수 있는 개인적인 표현의 특징으로서의 문체

  (2) 표현기술

  (3) 개성과 표현이 완전히 융합된 문체

* 이 세가지 중에서 문학작품의 가치를 결정할 수 있다고 하는 것은 세 번째의 문체.
* 그래서 문체란 언어 사용에 대한 작가의 독특한 방식을 뜻하며, 소설 문장상에 나타난 개성적인 특징이라고 규정할 수 있다.
  '문체는 바로 사람이다(Le style c'est l'homme-même)'는 뷰퐁(Buffon)이 한 말 – 작가의 정신과 개성이 문체에 나타남을 뜻함 – 작가의 문체는 경험을 지각하고 구성하는 방식을 보여주는 것임을 의미하는 것.

* 문체의 갈래

  ① 말투에 따른 갈래
   – 구어체口語體 : 실제 말하는 형태로 쓴 문체로 오늘날의 글에 쓰

인다.
　－문어체文語體 : 실제 하는 말과는 다른 문체로 옛 글에 많이 쓰였다.

　② 문장의 성격에 따른 갈래
　－길이에 따라 간결체[簡潔體, concise style]·만연체[蔓衍體, diffused style]
　－글의 느낌剛柔에 따라 강건체[剛健體, nervous style]·우유체[優柔體, feeble style]
　－수식의 유무有無에 따라 화려체[華麗體, flowery style]·건조체[乾燥體, dry style] 등

　③ 특수용도·사용집단에 따른 갈래
　－서간문체書簡文體·기사문체記事文體·법률문체法律文體·속어체俗語體·아문체雅文體 등

＊문체는 소설의 여러 요소들과 조화를 이루고 통일성을 부여하기 위하여 다른 요소들과 협동적인 관계 속에 놓인다.

제11-2강

소설 – 3 – 기본요소 – 4

④ 등장인물의 성격[性格, character]

* 소설에 등장하는 인물을 작중 인물이라고 한다. 그리고 소설 속에서 사건을 주도해가는 인물을 주인공이라 하고 그 외 부수적인 인물들을 부주인공이라 한다.

* 소설에 등장하는 작중 인물들은 다른 작중 인물들과 구별되는 성격(character)을 가진다. 인물이라는 용어 대신에 성격이라는 용어를 사용하는 것은 다른 작중 인물들과 구별하기 위해서다.

* 인물 혹은 작중 인물이라 할 때에는 작품에 드러난 대상을 말하는 것이지만, 성격이라고 할 때에는 그 대상의 내적 속성을 가리키는 의미이다.

* 한국 고대소설의 경우 사건 중심의 행동소설이 대부분이다.
* 등장하는 인물들이 개성을 가지며 당대를 대표할 수 있는 인간상

을 탐구하는 목적으로 한 소설이 아니었다.

　* 근대 이후 과학사상과 실증주의, 평등사상과 개인주의에 의하여 자아각성을 하게 된 근대인들은 참된 자아, 즉 참다운 인간을 추구하고 그들의 문제를 해결해 보려고 노력하게 된다. 그리하여 소설 속에는 전형적인 개성있는 인물이 등장하게 된 것이다.

　* 인물들은 소설 속에서의 역할과 기능에 따라 주동적 인물(protagonist)도 될 수 있고, 반동적 인물(antagonist)도 될 수 있다. 또한 주인물(major figure)이든 소인물(minor figure)이든 소설 속에 등장하는 인물들은 각기 자기대로의 성격을 가지며, 각기 다른 방식으로 소설 속에서 활동한다.

　* 소설 속의 인물들은 서로 대립하고 갈등하기도 하며, 그를 둘러싸고 있는 세계와 대립하면서 사건을 전개시킨다. 소설 속에서 이러한 인물들이 가지고 있는 성격이 행하는 기능은 플롯을 형성하는 기초가 된다.

　* 소설 속에서 성격들이 생동감과 실체감을 획득할 수 있는 것은 현실 속의 인물을 그대로 소설 속에 옮겨놓고 서술하고 묘사함으로서만 얻을 수 있는 것은 아니다.

　* 소설을 쓰는 행위 그 자체는 하나의 선택 행위이다. 많은 인간사 중에서 선택된 사건을 과장, 왜곡, 생략하여 플롯으로 구성하듯이, 실제 인간의 여러 가지 성격이나 인물의 속성 가운데서 선택된 몇가지 속성을 작가는 상상력으로 재결합하고 소설 속에 새로운 형태로 형상화하는 것이다.

* 소설 속에 등장하는 인물들은 스토리를 이루는 다른 요소들과의 관계 속에 있는 소설 내적 구조의 일부분이다. 그러므로 성격만을 단독으로 추출해 놓고, 그의 실체감이나 개성, 나아가서 현실적 인간과의 관계나, 특히 독자와의 관계를 판단하고 평가하려는 태도는 온당하지 않다. 소설 속에서 성격이 기여하고 성취한 구실과, 그 성격이 당대적 인간과 어떤 관계에 있는가를 엄밀하게 측정할 때 성격에 대한 판단은 적절한 결과에 도달할 수 있다.

* 소설 속에 등장하는 인물의 성격 유형은 분류 기준에 따라 여러 가지로 나눌 수 있다.

* 주동적 인물－반동적 인물, 주요인물―소인물, 영웅―패배자, 선인형―악인형 등으로 구분하는 경우는 소설 속에서 성격의 역할과 관계를 중심으로 한 분류이다.

* 심리학적 태도에 근거를 둔다면, 주관형―객관형, 응집형―역동형, 구체적 성향―추상적 성향, 외향형―내향형, 행동형―사색형 등으로 나눈다.

* 사회학적 입장에서 나눈다면 신분계층에 따른 분류가 가능하다.

* 포스트(E. M. Forst)는 『소설의 양상』(Aspect of Novel)에서 성격의 두 유형을 평면적 성격(flat character)과 입체적 성격(round character)으로 나눈다.

(1) 평면적 성격(flat character) : 한 작품 속에서 거의 변하지 않는 성격.
- 이점利點 – 등장만 하면 알아볼 수 있다는 점. 독자에게 쉽게 이해되고 기억됨.
- 단점 : 싫증을 나게 하는 존재가 되기 쉽다 – 진지하고 비극적인 것에서 보다는 희극적인 경우에 적합.

(2) 입체적 성격(round character) : 작품 전개에 따라 발전하고 변화하는 성격. 이점利點 – 작품 속에 무궁한 인생을 가지고 있으며, 비극적인 역할을 하기에 적합하고, 독자들을 감동시켜 유머 같은 것을 제외한 어떠한 감정에도 빠져들어가서 몰입하게 할 수 있으며, 경이감을 줌.

* 소설의 주제나 작가의 의도에 따라서는 평면적 성격이 필요할 때도 있고 입체적 성격이 필요할 때도 있음.
* 일반적으로 현실적인 인간의 성격과 그 다양성을 생각할 때 입체적 성격에서 실체감을 더 강하게 느낌.

* 현대소설의 등장인물 성격은 전형 속에 개성을 드러내야 한다. 그런 의미에서 단순한 성격보다는 복잡한 성격의 인물이 보다 많이 형상화되는 방향으로 나아가고 있다고 할 수 있다.

소설 – 3 – 기본요소 – 5

⑤ 배경[背景, setting]

　* 소설을 이루는 기본 요소로서의 배경은 모든 행위나 사건들이 발생하는 사건과 장소, 또는 소설의 물질적 배경이며, 장소의 요소를 말한다.

　* 배경의 영역은 확대될 수도 있고, 축소될 수도 있으며, 작가에 따라 극히 제한될 수도 있고, 일대 파노라마가 될 수도 있다.

　* 오스틴과 울프 같은 작가는 협소한 범위 내에서 배경을 제한하고 있는 반면, 디킨즈, 톨스토이, 로렌스 등의 작자는 계층들 사이의 대비를 통해 폭넓은 장관을 그려내고 있다.

　* 모든 소설에서의 배경의 중요성의 정도는 같지 않으며, 작가는 각자의 독특한 방법으로 배경을 그려내고 있다.

　* 배경이 작품의 전체적 구조에 영향을 미치고 독자적인 가치 체계를 지니게 된 것은 근대 리얼리즘 소설의 발전 이후.

　* 배경의 본격화는 자아의 자각과 인간의 발견으로 인간이 환경과의 관계를 의식하게 된 데서 비롯. 이전의 배경은 단순히 '거기 있다'라는 그 자체만의 목적을 위해서 쓰였을 뿐, 인물이 배경에 의해 좌우되거나, 배경이 인물 속으로 내면화되지 못했다.

　* 19세기 이후 개인은 독자적으로 존재하는 것이 아니라 사회와 불가분의 관계를 맺고 있으며, 소설이 사회적 산물이라는 것을 자각. 소설은 사회 내에서의 경험과 환경이 어떻게 인물을 변화시키고, 인물은 어떻게 이에 반응하는가에 관해 주목하게 되었다.

* 배경은 단지 하나의 장면으로만 존재하는 것이 아니라 총체적 환경(whole environment)으로서 국가, 기후, 날짜, 종교, 정치도덕 등 인간 생활에 걸친 모든 양상을 포괄하는 통합개념이 된다. 이처럼 배경은 단지 행위가 벌어지기 위한 마당으로서만의 중요성을 갖는 것이 아니다. 작품에 따라서는 오히려 행위를 통제하는 듯하기도 한다.

* 지방색(local colour)이 짙다고 하든가, 지방주의 문학(regionalism)과 같은 것은 작품에서 특히 배경을 강조한 것으로, 한 지방의 생활방식이나 관습에 대해 주로 쓴 소설이라 할 수 있다.

* 소설에 있어 배경은 매우 중요하게 작용하며 또한 작중인물과 행동에 대한 신뢰감을 높여주는 역할을 하기도 한다.

* 배경의 요소
  ① 소설의 행위와 사건이 일어나는 실재의 장소
  ② 행위와 사건이 일어나는 시간
  ③ 인물들의 생활양식과 인습
  ④ 등장인물들의 종교적, 사회적, 정서적 환경 등

* 무엇보다 중요성을 갖는 요소는 장소와 시간이다.

* 소설을 읽는 독자는 화면으로 보여주는 영화와는 달리 설명과 묘사에 의해 그 작품의 배경을 상상력으로 구체화시킬 수밖에 없다. 이런 점을 강조하여 아도르노는 독자들의 상상력을 구속하고 하나의 이미지만을 무비판적으로 받아들이게 하는 영화는 예술 장르가 아니라고 단언하기까지 한다.

* 브룩스와 워렌『소설의 이해』- '사실감 있게 구축된 배경은 그 배경 속에서 활동하는 인물과 행위의 사실감을 보장해 준다'고 말한다.

* 이것은 배경이 한 작품의 지배적인 분위기, 독자로 하여금 이야기에 능동적으로 호응하게 하는 지배적인 정서적 상황을 조성하는 결정적인 원인이 된다는 점을 강조하고 있는 말.

제11강 연습문제

(1) 브룩스(Brooks)와 워렌(Warren)이 『소설의 이해』(Understanding Fiction) 에서 제시한 소설 구성(plot)의 전개과정을 설명하라.

(2) 문장의 성격에 따른 문체(style)의 갈래를 설명하라.

(3) 평면적 성격(flat character)과 입체적 성격(round character)을 설명하라.

제12-1강

소설 – 3 – 기본요소 – 6

⑥ 시점[視點, point of view]

 * 시점[視點, point of view]은 작중 현실을 누가 어떤 각도에서 보았는가 하는 서술의 초점으로 이야기를 구성하고 있는 인물・행위・배경・사건 등을 독자에게 제시하는 방법.

 * 같은 사건이라도 보는 각도와 입장에 따라서 그 내용은 각각 다르게 판단되듯이 시점은 주제, 인물의 성격, 그리고 미적 효과 등에 깊이 관련됨.

 * 작가는 작품의 모든 것들 – 등장인물, 장소, 사건, 배경 등 소설에 있어서 존재의 근본적인 원천이며 창조주. 창작과정에 있어서 전지적全知的인 권능을 가짐.
 * 작가는 자신의 전지적 권능을 무한히 늘일 수 있으며 스스로 절제할 수도 있음 – 따라서 작가의 사상, 가치관, 의도 등과 연결되어

작품 속에 드러나게 됨.

  * 시점의 선택은 작가의 중요한 권한 - 작가는 시점 선택에 매우 신중하지 않을 수 없음 - 어떤 위치에서 말하는가 하는 것은 이야기 내용에 대한 작가의 판단을 드러내는 것이기 때문.

  * 시점에 관한 관심이 작가들에게 본격적인 주목의 대상이 된 것은 제임스의 『소설의 기술The Art of the Novel』과 P. 러벅의 『소설의 기교The Craft of Fiction』가 나온 이후의 일. 그 뒤 시점은 프리드만·브룩스·워렌 등에 의해서 심화되고 체계화됨.

  * 오늘날 가장 널리 알려진 것은 브룩스와 워렌이 『소설의 이해 Understanding Fiction』에서 제시한 4가지 분류 방법이다.

  ① 1인칭 시점 - '나'가 화자로 등장하는 소설을 말하는데, '나' 자신이 이야기의 중심인물이며 또한 우연한 목격자이기도 하고 이야기의 주변적인 참가자이기도 하다. 전자를 1인칭 주인공 시점이라 하고, 후자를 1인칭 관찰자 시점이라 한다.

  ①-(1) 1인칭 주인공 시점(first-person narration) : 작품 속의 주인공이 자신의 이야기를 하는 경우로, 인물의 초점과 서술의 초점이 일치한다. 여기서 1인칭은 허구화된 '나'이며, 자유롭게 사건의 내적 분석과 심리묘사를 할 수 있다. 이상李箱의 「날개」, 김유정의 「봄봄」에서 볼 수 있듯이 사건이나 배경보다는 주인공의 심리묘사에 유리하다. 또 작중 화자이자 주인공인 '나'가 '나'의 이야기를 함으로써 독자에

게 친근감과 신뢰감을 주는 장점이 있다. 현대의 심리소설과 주정적 主情인 낭만주의 소설에 많이 사용되며, 이야기를 고백하는 방식으로 서간체나 일기체의 형식을 쓰기도 한다.

예: 1 – 1

"김 군! 그러나 나의 이상은 물거품에 돌아갔다. 간도에 들어서서 한 달이 못 되어서부터 거친 물결은 우리 세 생령 앞에 기탄없이 몰려왔다. 나는 농사를 지으려고 밭을 구하였다. 빈 땅은 없었다."

* (최서해, 「탈출기」, 부분) – 서간체 – 1인칭 주인공 시점 – 1인칭 주인공 시점은 인물의 내면 묘사를 잘 나타낼 수 있는 수법.

예: 1 – 2

"장인님! 이젠 저……"

내가 이렇게 뒤통수를 긁고 나이가 찼으니 성례를 시켜줘야 하지 않겠느냐고 하면 대답이 늘

"이 자식아! 성례구 뭐구 미처 자라야지!"하고 만다.

이 자라야 한다는 것은 내가 아니라 내 아내가 될 점순이의 키 말이다. 내가 여기에 와서 돈 한푼 안 받고 일하기를 삼년하고 꼬박이 일곱 달 동안을 했다. 그런데도 미처 못 자랐다니까, 이 키는 언제야 자라는 겐지 짜장 영문 모른다."

* (김유정, 「봄봄」, 부분) – 1인칭 주인공 시점 – 어리숙하고 익살스러운 '나'를 화자로 삼아 '나'의 행동과 심리를 보여준다.

①–(2) : 1인칭 관찰자 시점(first – person – observer narration)은 작품 속에 등장하는 주변 인물인 '나'가 주인공의 이야기를 서술하는 경우

이다. '나'는 관찰자이며 인물의 초점은 주인공에게 가 있어 단지 '나'의 눈에 비친 세계만이 그려진다. 따라서 서술의 범위와 대상이 제한된다. 주요섭의 「사랑손님과 어머니」에서 볼 수 있듯이 여섯 살짜리 '옥희'의 눈에 비친 세계만 서술되는 까닭에 사랑손님과 어머니 사이의 사랑이 통속적으로 흐르지 않고 적절한 긴장과 경이감을 유지하게 된다. 김동인의 「붉은 산」, 현진건의 「빈처」 등도 대표적인 1인칭 관찰자 시점의 작품이다. 이 시점의 소설을 액자소설額子小說이라고 부른다.

예: 2

"하루는 밤에 아저씨 방에서 놀다가 졸려서 안방으로 들어오려고 일어서니까 아저씨가 하얀 봉투를 서랍에서 꺼내어 주었습니다.

"옥희, 이것 갖다가 엄마 드리고 지나간 달 밥값이라구, 응." 나는 그 봉투를 갖다가 어머니에게 드렸습니다. 어머니는 그 봉투를 받아들자 갑자기 얼굴이 파랗게 질렸습니다. 그 전날 달밤에 마루에 앉았을 때보다도 더 새하얗다고 생각되었습니다. 어머니는 그 봉투를 들고 어쩔 줄을 모르는 듯이 초조한 빛이 나타났습니다.

* (주요섭,「사랑 손님과 어머니」, 부분) - 사랑 손님과 어머니와의 미묘한 연정의 심리가 옥희의 눈에 의해 관찰된다.

② 3인칭 시점 - 화자가 특정의 이름이나 '그' '그녀' '그들'이라는 적당한 칭호로 이야기 안의 모든 인물들에 대해서 서술하는 방식이다. 이때 작가가 독자들에게 이야기의 제재를 제시할 때 스스로에게 부여하는 자유 또는 제한의 정도와 종류에 따라 전지적全知的 시점과 제한적制限的 시점으로 나뉜다.

② - (3) : 전지적 시점(omniscient-author narration)=전지적 작가 시점은 화자가 사건이나 등장인물에 관한 모든 것을 알고 있어 자기가 하고 싶은대로 움직이며, 등장인물의 말이나 행위 중 자기가 선택하는 것만을 이야기한다. 또한 그는 공공연하게 자신의 말이나 행동을 개입하고 등장인물의 사고·감정·동기까지 들여다보는 특권을 갖는다. 전지적 화자가 인물의 행위와 동기를 평가하고, 전반적인 인간생활에 대한 자신의 견해를 자유롭게 털어놓는 해설자일 경우 '개입적 화자'라고 하며, 그렇지 않고 객관적인 거리를 유지하는 경우를 '비개입적 화자'라고 한다. 이와 같이 전지적 시점은 서술자가 폭넓게 관여하기 때문에 작가가 인물이나 사건에 대해 비평할 수도 있다. 그러나 독자의 참여 기회가 제한되는 단점이 있다. 김만중의 『구운몽』이나 이광수의 『무정』, 염상섭의 『삼대』, 『두파산』, 김동인의 『명문』 등의 장편소설에 많이 사용된다.

예: 3

"성진이 마음에 뉘우쳐 생각하되 부처 공부의 유類로 뜻을 바르게 함이 으뜸 행실이라. 내 출가한지 십 년에 일찍 반 점 어기고 구차한 마음을 먹지 아니했더니 이제 이렇듯이 염려를 그릇하면 어찌 나의 전정에 해롭지 아니하리오. 향로에 전단을 다시 피우고 의연히 포단에 앉아 정신을 가다듬어 염주를 고르며 일천 부처를 염하더……"

* (김만중, 『구운몽』, 부분) - 서술자에 의해 성진의 심리가 서술되어 있다. 고대 소설은 대부분 전지적 작가 시점으로 쓰여졌다.

② - (4) : 제한적 시점(author-observer narration)=작가 관찰자 시점이라고도 한다. 화자가 제3자로서 이야기를 전개하지만 자기 자신을

이야기 속에 있는 하나의 등장인물로 한정시키는 경우이다. 서술자가 외부관찰자의 입장에서 이야기를 진행하기 때문에 1인칭 시점에 비해서 서술의 범위가 훨씬 넓다. 서술자는 전지적 시점과는 달리 일체의 해설이나 평가를 내리지 않고 객관적인 태도로 외부적 사실만을 관찰하고 묘사한다. 따라서 극적劇的이고 객관적인 특성을 지니고 있으며, 현대 사실주의 소설에 많이 사용된다. 김동인의 「감자」나 염상섭의 「두 파산」 황순원의 「소나기」, 오영수의 「박효도」, 이주홍의 「메아리」 등이 대표적인 작품이다. 이 방법은 후에 이른바 '의식의 흐름'이라는 서술방식으로 발전되었는데, J. A. 조이스나 W. 포크너의 작품에서 볼 수 있듯이 독자들의 눈앞에 펼쳐지는 사건들을 경험하는 데 자신이 참가하고 있다는 환상을 갖게 한다. 즉 '자신을 숨기는 작가'나 '객관적인 서술'을 통해서 이야기를 서술하고, 마치 물이 흐르듯이 일련의 장면들을 전개시켜 독자가 대리 경험을 하게 하는 방식이다.

예: 4
"왕 서방은 와들와들 떨었다. 왕 서방은 복녀의 손을 뿌리쳤다.
복녀는 쓰러졌다. 그러나 곧 다시 일어섰다. 그가 다시 일어설 때는, 그의 손에는 얼른얼른 하는 낫이 한 자루 들리어 있었다.
'이 되놈, 죽어라, 이놈, 다 때렸니! 이놈아, 아이구 사람 죽이누나.'
그는, 목을 놓고 처 울면서 낫을 휘둘렀다.
칠성문 밖 외따른 밭 가운데 홀로 서 있는 왕 서방의 집에서는 일장의 활극이 일어났다. 그러나 그 활극도 곧 잠잠하게 되었다.
복녀의 손에 들리어 있던 낫은 어느덧 왕 서방의 손으로 넘어가고, 복녀는 목으로 피를 쏟으면서 그 자리에 고꾸라져 있었다."

* (김동인, 「감자」, 부분) - 복녀와 왕 서방의 다툼을 객관적인 태도로 묘사.

제12-2강

소설의 분류

(1) 분량에 따른 분류

① 꽁트(conte)＝장편소설掌篇小說＝엽편소설葉篇小說
   (ㄱ) 소설 형식의 문학 작품 중 가장 짧다(200자 원고지 10~20매 정도).
   (ㄴ) 지극히 단편적斷片的인 사상事象을 다루며, 함축성이 강하다.
   (ㄷ) 구성이 고도로 압축되어 있고, 어떤 사건의 순간적인 모멘트를 포착하여 예리한 기지, 풍자, 해학을 담아 표현한다.
* 작품 - 정비석의 「색지 풍경」, 하마드레리호의 「독일군이 남겨 놓은 것」, 이무영의 「낚시질」, 황순원의 「모델」 등

－작품감상－「독일군이 남겨 놓은 것」(허브트 렐리호)
　전쟁은 끝났다. 그는 독일군한테서 도로 찾은 고국으로 돌아왔다. 불이 침침한 길을 그는 급히 걷고 있었다.
　어떤 여인이 그의 손을 잡고 술에 취한 것 같은 말소리를 건넨다.
　"어디 가시나요? 우리 집에 가시는군요. 그렇죠?"

그는 웃었다.

"아니요, 당신 집엔 왜? 난 지금 아내를 찾고 있소."

그는 여인을 돌아보았다.

두 사람은 등불 밑으로 왔다. 그러자 여인은 별안간에 "앗!"하고 부르짖었다. 남자도 무심 중에 여인을 등불 밑으로 끌고 왔다.

다음 순간 남자는 여인의 두 팔을 꽉 움켜쥐었다. 그의 눈은 빛났다.

"요안!"

하고 그는 여인을 와락 끌어 안았다.

② 단편소설[短篇小說, short story]
  (ㄱ) 복잡한 근대 사회의 특성에 적합한 형태다(200자 원고지 50~100매 정도).
  (ㄴ) 단일한 주제, 구성, 문체로 통일된 인상을 준다.
  (ㄷ) 인생의 한 단면을 보여 주기 때문에 작가의 압축 기교, 전환의 기지, 그리고 해학이 요구된다.

③ 중편소설中篇小說 : 단편소설과 장편소설長篇小說의 중간 분량이다.
  (ㄱ) 사회와 인간을 총체적으로 그린다.
  (ㄴ) 주제의 사상성을 중시한다.
  (ㄷ) 복잡한 구성이다.

④ 장편소설長篇小說 소설 : 로망(roman), 노블(novel)에 해당한다.
  (ㄱ) 책 1권 이상. 대하소설大河小說이라 해서 10권 이상에 이르는 것도 있다.
  (ㄴ) 중편 소설 이상으로 총체성, 사상성, 복잡성 등이 요구된다.

㈐ 복합적 구성 방식을 취하여 많은 에피소드들을 연결시키며, 인물의 성격이 유동적이다.

▶ 보충 설명

* 대하소설(roman fleuve = river novel)
- 20세기 프랑스에서 발생한 방대한 장편 소설의 한 형식.
- 한 인간의 인생 역정을 시대의 흐름에 따라 포괄적으로 그리는 가장 커다란 구조의 소설이며 연작連作소설과 다르다.
- 최초의 대하 소설은 로망 롤랑의 『장 크리스토프』이다.
- 한국의 경우도 조선 시대에 방대한 규모의 대하 소설이 나왔고, 박종화의 『임진왜란』, 박경리의 『토지』, 황석영의 『장길산』, 최명희의 『혼불』, 조정래의 『태백산맥』 등이 대표적인 대하소설이다. 톨스토이의 『전쟁과 평화』, 숄로호프의 『고요한 돈 강』 역시 대하소설.

⑵ 작품 의도에 따른 분류

① 예술소설[藝術小說, 본격소설·순수소설] : 작품의 예술성을 추구한 소설로 작품의 예술적 가치 이외의 여하한 효용성이나 통속성도 배제하는 소설이다. 단순한 흥미나 이념적 목적을 추구하기 보다는 고도의 예술적 기교를 구사한다.

② 통속 소설[通俗小說, 대중 소설] : 작품의 예술성을 추구하기보다는 효용성이나 쾌락성이 강조되는 소설이다. 평이한 문체로 대중들이 쉽게 접할 수 있도록 하며, 내용은 흥미본위의 이야기를 담는다.

(3) 시점(視點)에 따른 분류

① 일인칭 소설 : 작중 화자가 1인칭인 '나'로 등장하여 자신에 관해 직접 서술하거나 다른 인물에 대해 관찰자 입장에서 서술하는 소설로, 특히 전자의 경우는 자전적인 '신변소설'에 해당된다.

② 삼인칭 소설 : 화자가 작품 밖에서 작품 속의 인물, 사건, 배경 등을 관찰하는 형식으로 서술하거나 직접 개입하는 형식을 취하는 소설이다. 현대 소설의 많은 작품이 이에 속한다.

(4) 문예 사조에 따른 분류

① 낭만주의 소설 : 고전주의에 대한 반동으로 발생하여 이성적이기보다는 감정적이고, 객관적이기보다는 주관적이며, 현실적이기보다는 낭만적인 경향을 띤 소설을 가리킨다. 서양에서는 18세기 말부터 19세기 초에 걸쳐 환상적, 열정적, 주정적인 낭만주의 소설이 풍미하였으며, 우리나라에서는 1920년대 이후 나도향, 김유정 등에 의해 쓰여졌다.

② 사실주의 소설 : 낭만주의 소설에 대한 반동으로 나타나 현실을 있는 그대로 객관적, 합리적으로 묘사한 소설이다. 리얼리티(reality)를 중시하며, 현실을 과장하지 않고 표현하기 때문에 감정이 절제되고 공상에 빠지지 않는 특징이 있다. 우리나라에서는 김동인, 현진건 등에 의해 쓰여졌다.

③ 자연주의 소설 : 자연 과학의 엄밀성을 소설에 적용한 것으로 19세기 말에 프랑스에서 등장한 소설이다. 인물을 하나의 객관적 자연물로 보고 본능적인 욕망, 빈곤 등의 힘에 의해 인간이 어떻게 반응하는가를 객관적으로 묘사하는 소설로서 우리나라에서는 1920년대

에 염상섭에 의해 시도되었다.

④ 심리주의 소설 : 20세기에 들어와서 인간 무의식의 세계를 추구한 소설이다. 프로이드의 정신 분석학의 영향으로 인간의 내면 심리를 주로 묘사하며, 1인칭 주인공의 의식 흐름에 따라 기술되는 특징을 지닌다. 우리나라에서는 1930년대에 이상에 의해 처음 시도되었다.

⑤ 실존주의 소설 : 실존주의 철학을 바탕으로 인간이 일정한 상황에 봉착하였을 때 어떻게 행동하고, 그의 자유 의지에 따라 무엇을 선택하는가에 초점을 맞추고, 개인의 고독, 자기 정체의 불분명성, 세계의 불명료성과 부조리성 등을 묘파하려는 경향을 보이는 소설이다. 사르트르의 작품을 통하여 선전되고 문학 운동으로 발전－카프카, 까뮈의 소설이 대표적이다. 우리나라의 경우 전후 문학에서 이와 같은 경향을 띤 작품들이 많이 나타났다.

(5) 인물 묘사 방식에 따른 분류

① 성격 소설 : 등장인물의 성격을 부각시키기 위해 성격 묘사에 치중하는 소설이다. 주로 인물의 성격과 사회 현실과의 괴리, 갈등을 보여 주며, 인물의 성격은 변하지 않는다.

② 심리 소설 : 20세기에 들어와서 등장한 것으로서, 성격 소설이나 행동 소설이 인물의 외면적 묘사에 치중하는 데 반해 심리 소설은 인물의 내면 심리 묘사에 치중하는 소설이다.

③ 행동 소설 : 등장인물의 외부적 행동을 서술하는 이야기 중심의 소설이다. 행동 소설은 개개의 사건이 중요하게 취급되며 사건의 전개에 초점을 맞추게 된다.

(6) 기타의 분류들

① 효용성에 따른 분류 : 정치소설, 경제소설, 종교소설, 과학소설, 계몽소설, 이데올로기소설 등이 있다.

② 인물의 활동 무대에 따른 분류 : 시정市井소설, 농촌소설, 해양소설, 전쟁 소설 등이 있다.

③ 인물의 행위에 따른 분류 : 탐정소설, 추리소설, 모험소설 등이 있다.

④ 대중적 유형에 따른 분류 : 애정소설, 명랑소설, 소년소설, 성인소설 등이 있다.

⑤ 내용의 시대성에 따른 분류 : 역사소설, 현대소설 미래소설 등이 있다.

  ㉠ 역사소설 : 과거의 역사적 사실에서 소재를 취하여 현대적인 창작 방법으로 작품화 → 이광수의 『마의 태자』, 김동인의 『운현궁의 봄』 등

  ㉡ 현대소설 : 오늘날의 소설, 즉 현대사회를 제재로 한 소설

  ㉢ 미래소설 : 이상理想의 세계, 가상假想의 미래 등을 그린 소설

제12강 연습문제

(1) 1인칭 관찰자 시점(first-person-observer narration)과 전지적 시점(omniscient-author narration)=전지적 작가 시점을 설명하라.

(2) 단편소설과 장편소설을 대비하여 설명하라.

제13-1강

한국의 소설 – 개념정리

* 한국에서 소설이라는 개념이 처음으로 등장한 것은 고려 말 이규보의 『백운소설白雲小說』.

* 『백운소설白雲小說』에서 소설이 잡록을 총칭하는 개념으로 사용된 것으로 보아 '하찮고 잡스럽고 비속한 시정市井의 이야기'라는 뜻으로 쓰였음을 알 수 있다. 그후 시화詩話와 잡록을 포함한 그 이상의 의미로 확대되어 허구든지 비허구든지 이야기 구조를 지니고 있으면 모두 소설의 범주에 넣었다.

* 당시 사람들은 이러한 이른바 소설에서 교훈적, 오락적 기능을 기대했다. 그러나 그것은 근대적인 의미에서의 소설이라고 부르기는 어렵다. 그래서 소설의 전단계인 가전체문학으로 분류하여 이 시기의 소설을 설화문학으로 본다.

* 조선 초기에는 소설을 유교적 질서를 해치는 '음란하고 황당한

이야기'로 여긴 부정적인 견해가 지배적이었다.

* 개화기에 서구의 소설이 들어온 이후 소설에 대한 새로운 개념을 정립하려 노력하게 되었다. 서구의 'novel'을 소설로 번역하면서 서구 소설의 개념을 한국소설에 적용하기 시작하였다.

* 한국소설이란 '한국인의 생활 관습과 정서, 그리고 사상에 기초하고 있으며 어느 시대를 막론하고 씌어진 산문양식의 이야기'라 할 수 있다.
* 시대적으로 볼 때 고려 중기 가전체 소설에서부터 20세기 초 구활자본 소설에 이르기까지의 소설을 고전소설 또는 고소설이라 하고, 1900년대 전후의 개화기에 씌어진 소설을 개화기소설(=신소설)이라고 부른다.

* 1917년 이광수의 『무정』 이후에 씌어진 소설을 근대 혹은 현대소설이라고 한다.
* 관점에 따라 더 세분하여 1910~1920년대에 씌어진 소설을 근대소설, 30년대 이후의 소설을 현대소설로 설정하기도 한다.

한국의 소설 – 1 – 고대소설

1. 소설의 전단계前段階

* 한국문학의 여명기인 상고시대에는 주로 신화가 많이 창작되었다.
* 고조선 건국신화인 단군신화와 고구려의 주몽신화, 가락국의 건국신화 등 한민족의 이동과정과 천신족天神族으로서의 우월감 등을 내용으로 하는 영웅신화 속에서 소설의 편린을 찾아볼 수 있다.
* 『삼국유사』, 『삼국사기』에는 「온달전」, 「조신전」 등의 전설, 민담이 상당수 실려 있다.
* 고려 태조 왕건은 자신의 가계家系를 건국신화로 만든다. 이것이 고대 건국 서사시의 전통을 이은 것이다.
* 고려 전기 설화문학의 집대성이라 할 수 있는 『수이전』에 실려 있는 「쌍녀분」은 소설의 골격을 갖춘 뛰어난 작품, 이규보의 「동명왕편東明王編」, 이승휴의 「제왕운기帝王韻記」는 민족의식에 바탕을 둔 영웅서사문학의 수작秀作이다.

2. 전기소설傳奇小說

* 보통 전기傳奇라 하며, '기이한 것을 전한다'는 뜻으로서 비현실적인 세계를 다루고 있다. 조선의 유교사회에서는 기이한 이야기를 쓰는 것이 금기시되었는데, 15세기에 이르러 지난 시대의 설화를 이어받고, 명나라 구우의 『전등신화』에 영향을 받아 김시습의 『금오신화金鰲神話』가 씌어졌다.
* 한국 최초의 소설이라 할 수 있는 『금오신화』는, 「만복사저포기萬福寺樗蒲記」, 「이생규장전李生窺墻傳」, 「취유부벽정기醉遊浮碧亭記」,

「남염부주지南炎浮洲志」, 「용궁부연록龍宮赴宴錄」 등 5편의 한문 단편 소설로 이루어져 있다.

  * 이외에 조선 숙종 때 향랑이 억울하게 죽은 사건을 소재로 하여 자유분방한 상상력으로 윤색한 김소행의 『삼한습유三韓拾遺』 등이 있다.

  * 전기소설은 대부분 비현실적인 사건이나 소재를 바탕으로 남녀 간의 애정문제, 정치적, 사회적 문제 등과 인생에 관한 다양한 문제를 담아내고 있다.

  3. 의인소설擬人小說

  * 우화문학의 하나로서 사물이나 동식물 등을 의인화하여 교훈적이고 풍자적인 내용을 담아내는 소설을 말한다. 가전체 소설 또는 가전체 문학이라고도 한다.

  * 고려시대에 창작된 임춘의 「공방전」, 「국순전」, 이규보의 「국선생전」, 「청강사자현부전」, 이곡의 「죽부인전」, 이첨의 「저생전」 등은 돈, 술, 거북, 대나무, 종이 등의 사물을 의인화한 것 – 가전체 소설의 주제는 대부분이 계세징인戒世懲人.

  * 조선 전기에는 사물보다 사람의 마음을 의인화한 작품이 많이 씌어졌는데, 임제의 「수성지」, 김우옹의 「천군전」, 정태제의 「천군연의」, 유치구의 「천군실록」 등 – 형식상 사전체史傳體만이 아니라 본기체本紀體, 실록체實錄體 등을 사용한 것이 특징이다.

  * 조선 후기에 창작된 것으로 보이는 한글본 의인소설은 대부분 민

간설화를 다룬 것으로서, 작자 미상의 「장끼전」, 「황새결송」, 「서동지전」, 「두껍전」 등이 있다.

4. 몽유록계 소설

* 현실 – 꿈 – 현실의 환몽還夢구조로 이루어진 소설이다.
* 이 소설들은 꿈의 세계라는 낭만적 수법을 빌려 사회비판적 내용을 담아낸다. 주요작품으로 임제의 「원생몽유록」, 심의의 「대관제몽유록」, 윤계선의 「달천몽유록」, 신광한의 「안빙몽유록」 등이 있다.
* 몽유록계 소설은 이루어질 수 없는 이상세계를 그려낸 것과 절박한 당대 현실의 부조리를 직설적으로 그려낸 것으로 나눌 수 있다.

* 꿈 – 현실의 환몽구조의 서사방식을 잇되 더 성숙한 형식으로 발전시킨 소설유형을 '몽자소설夢字小說'이라 하며, 김만중의 『구운몽』 등이 이에 해당된다.
* 조선 숙종 때 씌어진 『구운몽』은 부귀영화를 지향하는 꿈의 세계와 영원한 구원을 지향하는 현실세계를 교묘히 교차시켜 소설의 흥미와 심오한 사상을 드러내주고 있다.
* 이에 영향을 받아 남영로의 『옥루몽』, 이정작의 『옥린몽』과 같은 작품이 씌어졌다.

5. 풍자소설

* 사회나 인물 등의 결함, 모순을 빗대어 그린 소설이다.
* 조선시대에 와서 비판적 의식을 지닌 지식인 작가들은 개성 있는 문체와 날카로운 시각으로 당대 사회의 절실한 문제를 풍자하여 이

전에 볼 수 없었던 수준 높은 작품을 보여주었다.

　*박지원이 쓴「허생전」,「호질」,「양반」등의 한문소설은 당대 위정자와 양반들의 위선과 무능을 풍자하고 하층민들의 건강하고 진실된 모습을 그려내 새로운 인간상을 제시하고 있다.

　*그런가 하면 이옥은「심생전」,「유광억전」등 20여 편을 남겼는데, 이 작품들은 풍자적인 수법으로 근대 서민의식을 그려낸 것이다.

　*조선 말기에는 계급의식이 무너지자 평민들이 봉건사회의 모순을 바로 보게 되어 골계와 해학이 두드러지고 호색한과 같은 대담한 소재를 다룬 풍자소설이 등장하게 되었다.

　*조선시대 풍자소설의 대표작으로 평가되는 작자 미상의「이춘풍전」과「오유란전」,「종옥전」등은 이러한 성격을 잘 말해준다.

6. 군담소설軍談小說=영웅소설

　*조선 후기에 유행하던 국문소설로서, 전쟁에 관한 이야기나 주인공의 영웅적 활동을 그려낸 소설이다.

　*최초의 국문소설인「홍길동전」은 주인공의 영웅적 생애를 통해 사회모순을 비판하고 사회적 이상을 그린 작품으로서 군담소설의 원류라 할 수 있다.

　*군담소설은 작품소재에 따라 창작군담소설과 역사군담소설로 나누어진다.

　・창작군담소설 - 허구적인 주인공을 설정하여 실제 역사와는 무관한 사건을 꾸며낸 것을 말하며, 작자 미상의「유충렬전」,「조웅전」,「소대성전」,「장백전」등이 있다.

　・역사군담소설 - 실존했던 인물을 주인공으로 삼아 그의 활약상

을 그려낸 것을 말하며, 작자 미상의 「임진록」, 「박씨전」, 「임경업전」 등이 있다.

* 이 작품들은 임진왜란과 병자호란으로 인한 민족적 울분과 북벌론을 둘러싼 갈등을 그려냈다.

* 군담소설은 당대의 지배적인 가치관에 입각해 극도로 이상화된 삶을 제시하는 한편, 흥미 위주의 사건을 설정하여 대중적 인기를 누리게 됨으로써 전문 작가를 등장시켰고 소설의 상업적 유통을 촉진시켰다. 그런가 하면 개성적이지 못한 인물과 틀에 박힌 듯한 전개, 어려운 한문고사를 남용하여 국문소설의 근대적 발전을 가로막는 요인이 되기도 했다.

7. 가정소설

* 가족들 사이에서 일어나는 갈등을 그린 소설로서, 갈등요인에 따라 처첩 간의 갈등을 그린 쟁총형爭寵型 가정소설, 계모와 전처 자식 간의 갈등을 그린 계모형 가정소설, 형제간의 우애를 그린 우애형 가정소설로 나누어진다.

* 김만중의 「사씨남정기」와 작자 미상의 「조생원전」, 「정진사전」은 쟁총형 가정소설, 작자 미상의 「장화홍련전」, 「콩쥐팥쥐전」과 작자 미상의 「창선감의록」은 우애형 가정소설에 해당 된다.

* 가정소설은 조선 후기에 와서 길이가 길어지거나 연작으로 씌어지면서 가문소설, 대하장편소설, 낙선재본樂善齋本소설이라 불리게 되었다. 주요작품으로는 작자 미상의 『완월회맹연』, 『명주보월빙』

등이 있으며 주로 가문에서 일어나는 결혼담, 고행 등의 갈등을 담아 냈다.

8. 판소리계 소설

* 조선 후기 소설 가운데 판소리를 통해서 생성되었거나 대중적으로 전파된 작품들을 말한다. 이 계열의 소설은 개인의 창작물이 아니라 오랜 세월에 걸쳐 수많은 사람들에 의해 점진적으로 형성되었기 때문에 내용이 널리 알려져 있다.

* 주요작품으로 『춘향전』, 『심청전』, 『홍부전』 등이 있는데, 발랄한 민중의식을 바탕으로 하여 조선 후기의 현실을 사실적으로 그려낸 작품들이다. 이외에도 『토끼전』, 『변강쇠타령』, 『배비장전』 등이 있다.

* 이 작품들은 대중들의 폭넓은 인기를 모았으며 필사본만이 아니라 목판본, 구활자본으로 출판, 유통되었고 많은 이본이 나오게 되었다.

* 판소리계 소설은 향토적인 배경, 현실성 있는 소재, 사실적인 표현, 다채로운 수사 등을 갖춘 데다 인물에 있어서 다양한 전형이 창조되어 있어 조선조 국문소설의 최대 성과라 할 수 있다.

제13-2강

한국의 소설 – ㄹ – 개화기 소설 (신소설)

* 고대소설에서 근대소설로 이행해가는 과정에 놓여 있는 소설로서, 과거의 고전소설과 다르다는 뜻에서 신소설이라 이름붙였다.

* 주요작품으로 이인직의 『혈의누血의淚』, 『귀의성鬼의聲』, 안국선의 『금수회의록禽獸會議錄』, 이해조의 『자유종自由鍾』, 『화의혈花의血』, 최찬식의 『추월색秋月色』 등이 있다.

* 내용상 개화사상, 자주독립, 여권신장, 신분평등, 자유연애 등의 근대의식을 보여주기도 했으나 권선징악勸善懲惡이나 봉건적 가족제도의 답습 등의 전근대적 모습에서 벗어나지 못했다.

* 개화기 소설은 소설양식에 대한 새로운 인식과 언문일치의 노력을 보여주었으나 크게 발전하지는 못했다.

* 그밖에도 신채호의 『을지문덕』, 장지연의 『애국부인전』 등이 씌어졌는데, 이 작품들은 국권회복과 애국계몽운동에 많은 영향을 주었다.

한국의 소설 – ᄏ – 근대 및 현대소설

1. 1910년대 소설

* 1917년 『매일신보』에 발표된 이광수의 『무정』은 여러 가지 면에서 한국소설사의 문제작으로 평가된다.
 * 최초의 근대 장편소설이라는 점,
 * 자유연애를 3각구도의 틀 속에서 보여주었다는 점,
 * 자강주의自强主義 사상의 하나인 안창호의 독립준비론을 소설화했다는 점 등 많은 의미를 지니고 있다.

2. 1920년대 소설

* 1920년대에는 서양소설과 이론이 본격적으로 들어옴에 따라 소설은 새로운 전환을 맞이하게 된다.
 * 기법적 측면에서, 이광수를 통해 이루어진 문체에 대한 새로운 관심이 언문일치의 개성적인 문체로 완성되었고, 아이러니를 비롯한 다양한 기법들이 많은 작품을 통해 성공적으로 구사되었다.
 * 사실주의 이론의 도입으로 인물의 형상화 방식에서 현실인식의 태도에 이르기까지 근대문학의 성격에 걸맞는 구체적이고 객관적인 창작방법이 전개되었다.

* 이 시기에 씌어진 김동인의 「감자」, 「배따라기」, 염상섭의 「표본실의 청개구리」, 현진건의 「운수 좋은 날」, 전영택의 「화수분」, 나도향의 「벙어리 삼룡이」 등은 복합구조와 사실적 묘사, 인물형상화의 방법, 언문일치의 서술방식 등을 통해 이 시기 소설의 가장 이채롭고 특징적인 면모를 보여주는 작품들이다.

* 1920년대 중반부터 일기 시작한 신경향파 문학과 <조선 프롤레타리아 예술가동맹>(KAPF)의 결성으로 신경향파문학=프로 문학이 나타났다.
* 최서해의 「홍염」, 「탈출기」, 「박돌의 죽음」 등은 신경향파 소설을 대표하는 것으로, 간도로 이주한 조선농민들의 비극적인 실태를 생생한 작가적 체험을 통해 형상화함.
* 프로 문학적 성격을 나타낸 주요작품으로는 조명희의 「낙동강」, 한설야의 「과도기」, 이기영의 「홍수」 등 또한 이 시기에 이루어진 다양한 문학논쟁들은 소설에 커다란 영향을 줌.
* 1920년대 중반에 일어났던 '내용, 형식 논쟁'은 소설을 포함한 예술에서의 사상(혹은 당파성)과 예술방법에 대한 문단 전체의 다양한 관심을 불러일으켰던 문학논쟁이라 할 수 있다.

3. 1930년대 소설

* 1930년대 소설을 특징짓는 3가지 흐름.
첫째, 근대소설의 주도적인 양식이 단편소설에서 장편소설로 대체되기 시작했다는 점.
둘째, 소설의 주제와 작가적 관심, 그리고 소설의 기법이 더욱 다양해졌다는 점.

셋째, 사실주의 창작방법이 장편소설을 통해 일정한 수준과 성과를 획득했다는 점을 들 수 있다.

　* 이 시기의 소설 경향

(1) 농민소설 : 계몽주의적 성격을 띤 이광수의 『흙』과 심훈의 『상록수』, 이석훈의 『황혼의 노래』를 비롯하여 이 연대의 후반에는 이무영의 「제1과 제1장」, 박영준의 「모범경작생」, 김정한의 「사하촌」, 김유정의 「만무방」, 「소낙비」 등은 일제강점기에 우리 농촌의 궁핍한 현실을 반영함.

(2) 역사소설 : 이광수의 『원효대사』, 『단종애사』 등을 비롯하여 박종화의 『금삼의 피』, 김동인의 『운현궁의 봄』, 『대수양』, 홍명희의 『임꺽정林巨正』 등이 발표됨 - 이 시기에 역사소설이 집중적으로 써어진 이유로 일제의 민족문화말살정책에 대한 자구책이라는 점, 우리 역사에 대한 관심을 불러일으킴으로써 민족의식의 배양을 간접적으로 의도할 수 있다는 점 등을 꼽을 수 있으나 많은 역사소설들이 그러한 표면적인 목적과는 어울리지 않는 영웅주의적 역사관이나 흥미 위주의 사담史談 수준이었다.

(3) 가족사 연대기소설 : 한 가문의 몇 대에 걸친 가족사를 통해 일정한 시기의 역사적 변화를 집중적으로 조명하려는 염상섭의 『삼대』, 채만식의 『태평천하』, 김남천의 『대하』와 같은 작품이 발표되었다.

(4) 노동소설 : 이런 경향은 1920년대부터 조금씩 형성되어왔으나 이 시기에 이르러 풍성한 수확을 거두게 된다.
- 초반에는 김남천의 「공장신문」, 「조정안」, 이북명의 「암모니아 탱크」와 같은 작품들이 발표.
- 중반을 넘어서면서 강경애의 『인간문제』, 한설야의 『황혼』과 같은 장편소설이 발표 - 일제에 억압받는 우리 노동자들의 삶을 그려냄으로써 계급해방의 당위성을 강조.

(5) 풍자소설 : 채만식의 「레디메이드 인생」, 「치숙」, 「소망」 등

* 그밖에 이상의 「날개」, 박태원의 「소설가 구보씨의 일일」 등과 같은 심리묘사에 치중하여 현대 도시인의 복잡하고 어지러운 내면세계를 그려낸 모더니즘 계열.
* 김동리의 「무녀도」, 「황토기」, 정비석의 「성황당」과 같이 토속적인 삶과 무속신앙 등에서 민족의 정체성과 뿌리를 되찾으려는 소설.
* 지식인의 의식세계를 그려낸 유진오의 「김강사와 T교수」.
* 서정소설의 새 영역을 개척한 이효석의 「산」, 「들」, 토속적 정서와 한국인의 삶의 근원을 서정적으로 그린 「메밀꽃 필 무렵」과 같은 작품이 이 시기에 발표되었다.

제13강 연습문제

(1) 한국소설의 전단계(前段階)와 김시습의 『금오신화(金鰲新話)』에 대해 설명하라.

(2) 판소리계 소설에 대해 설명하라.

(3) 개화기 소설(신소설)에 대해 설명하라.

제14-1강

한국의 소설 – 3

1. 1940년대 소설

* 1940년대 전반
- 일제의 황민화정책으로 인해 친일적인 내용의 소설이 씌어졌고 이에 동조할 수 없었던 작가들은 소설을 쓰지 않거나 설령 썼더라도 발표하지 않았다.
- 암흑기=공백기

* 8·15 광복 이후
- 좌우익의 이념대립
- 문단에서는 문학가단체의 대립과 논쟁

- 이 시기 소설을 큰 흐름으로 묶어보면,
(1) 일제시대에 흩어졌다가 다시 고향과 조국으로 돌아오는 귀환의

과정을 그린 소설들로서, 김동리의「혈거부족」, 허준의「잔등」, 엄홍섭의「귀환일지」, 김만선의「압록강」, 계용묵의「별을 헨다」 등.

(2) 일제의 청산과 광복공간 즉 이른바 해방공간의 현실을 그려낸 소설들로서, 이는 작가에 따라 매우 다양한 입장과 개성을 나타낸다. 이 계열의 작품으로는 이태준의「해방전후」, 채만식의「논이야기」, 엄홍섭의「쫓겨온 사나이」, 염상섭의「양과자갑」 등.

(3) 노동자와 농민의 관점에서 광복전후의 해방공간을 바라보는 소설들로서, 안회남의「농민의 비애」, 이근영의「고구마」, 이태준의「농토」, 이동규의「오빠와 애인」, 김영석의「전차운전수」와 같은 작품들 - 민족국가 건설에 가장 중대한 문제로 부각되었던 토지문제와 일본인 자본가 소유의 적산 불하문제를 둘러싼 농민과 노동자의 입장을 반영.

(4) 첨예한 이념문제에서 일정한 거리를 유지하며 인간존재의 궁극적인 의미와 삶의 내재적 본질을 캐내려 한 소설들로서, 황순원의「별과 같이 살다」,「소나기」, 김동리의「역마」,「달」과 같은 작품들.

2. 1950년대 소설

* 이 시기 소설은 6·25전쟁과 분단상황을 중요한 문제로 떠안으면서 시작된다.

* 광복전후의 해방공간에서 좌익의 이념에 동조하지 않았던 많은 작가들은 남쪽에 남았고, 이들은 전쟁이 일어나면서 대부분 종군작가로 활약해서 전쟁 중에는 이른바 '종군문학'이라는 일종의 전쟁문학을 일구었다.

* 전쟁이 끝난 후 1950년대의 소설은 당시 지배 이데올로기라 할 수 있는 반공 이데올로기와 자유민주주의 체제를 지향하는 친체제적인 문학이 중심을 형성하면서, 그 주변에 우리 현실을 나름대로 분석하고 비판하려는 새로운 흐름들이 형성되었다.

* 이 시기에는 제2차 세계대전 후에 유럽에서 큰 반향을 일으켰던 실존주의가 들어오게 됨으로써 이에 자극받은 창작경향들이 나타나기도 했다.

* '순수문학'이 문단의 우위를 차지하면서, 나름대로 근대사와 이념의 문제를 거론한 소설로는 선우휘의 「불꽃」, 황순원의 「카인의 후예」 등이 있고, 장용학의 「요한시집」은 이 시기에 들어온 실존주의의 영향을 문학에 가장 심도 있게 반영한 작품이다.

* 현실을 냉소적으로 바라보면서 인간의 무의미성에 집착하여 독특한 문학적 개성을 이루었던 손창섭의 「낙서족」, 「잉여인간」 등도 이 시기 소설의 한 특징을 이루며,

* 1950년대 후반에 등장한 이범선의 「오발탄」, 오상원의 「부동기」, 하근찬의 「수난이대」, 송병수의 「쇼리킴」 등은 당대 현실에 대한 날카로운 해부와 비판의 칼날을 들이대어 사실주의 문학의 전통을 계승하려는 의지를 강하게 나타내었다.

3. 1960년대 소설

* 1960년대의 소설에서 4·19혁명을 빼놓고는 이야기하기 어려울 정도로 4·19혁명은 이 시기 소설의 성격을 규정짓는 중요한 잣대가 된다.

* 4·19혁명 직후에 발표된 최인훈의 『광장』은 전후戰後 이데올로기 문제를 본격적으로 다룬 작품으로 당대 최대의 문제작으로 평가받았고, 김승옥의 『서울, 1964년 겨울』, 『무진기행』은 이 시기에 등장한 새로운 세대들의 문학적 감수성과 문체감각을 잘 드러냈으며, 이청준의 『병신과 머저리』는 6·25전쟁과 전후의 현실에 대응하는 두 세대의 문제의식을 은유적 방법으로 드러낸 작품이다.

* 1960년대는 '순수/참여 문학논쟁'의 소용돌이에 휘말리게 됨.
* 이러한 논쟁의 와중에 발표된 김정한의 「모래톱이야기」, 남정현의 「분지」, 방영웅의 「분례기」와 같은 작품은 참여문학을 통한 문학의 사회적 기능회복에 대한 가능성을 보여준 작품들.
* 이호철의 『판문점』과 안수길의 『북간도』는 분단문제에 대한 문학적 대응의 새로운 장을 여는 작품들.

4. 1970년대 소설

* 1970년대는 급속하게 진행되는 산업화의 과정에서 제기되는 여러 가지 사회문제들이 소설의 중심소재로 등장.

* 황석영의 『객지』는 건설 현장의 날품팔이 노동자들의 삶과 투쟁을 치밀하게 그려냄으로써 이 방면의 소설들이 연이어 발표되는 물꼬를 텄고, 조세희의 『난장이가 쏘아올린 작은 공』과 윤흥길의 『아홉켤레의 구두로 남은 사내』 등은 기층 민중들의 삶에 초점을 맞춘 성과작들.
* 분단 문제와 현대사에 대한 관심도 새롭게 대두되어 김원일의

『노을』, 전상국의 『아베의 가족』, 황석영의 『한씨연대기』, 현기영의 『순이삼촌』, 윤흥길의 『장마』, 이병주의 『지리산』 등이 발표되면서 6·25전쟁과 해방직후의 현대사를 새롭게 조명하는 계기를 마련.

　* 이 시기의 소설에서 주목할 만한 것은 박경리의 『토지』, 황석영의 『장길산』, 김주영의 『객주』와 같은 대하 역사장편소설들이 창작되었다는 점.

　* 당시 새로운 시각으로 남녀간의 사랑과 사회문제를 그려냈던 최인호의 『별들의 고향』, 조해일의 『겨울여자』, 한수산의 『부초』, 조선작의 『영자의 전성시대』 등은 대중들에게 많은 사랑을 받은 한편, 문단에서는 이른바 '상업주의 소설논쟁'이 일어나 대중들의 사랑을 받고 있던 젊은 작가들의 작품을 둘러싸고 질적 문제와 대중적 인기에 대한 비판의 목소리가 제기.

　5. 1980년대 소설

　* 1980년대는 광주민주화운동을 기점으로 하여 변혁에 대한 문학적 관심이 커졌던 시기.
　* 이 시기의 소설은 노동자를 비롯한 기층 민중계급의 관점이 문학에 크게 반영되어 일제강점기 이후 한국소설사에서 노동자계급의 당파성이 가장 집중적으로 문제되던 시기.
　* 이 시기의 소설은 우선 광주민주화운동의 문제를 엄한 정치적 상황 속에서도 조심스럽게 제기하는 것으로 시작되었는데, 윤정모의 『밤길』, 임철우의 『동행』이 초기에 발표되었고 이어 홍희담의 『깃발』에 이르러 정점을 이루었다.

* 김인숙의 『79~80, 겨울에서 봄까지』는 학생운동을 중심으로 한 당대 현실을 다루었으며, 정도상의 『십오방 이야기』는 학생운동을 하는 한 청년의 죽음을 통해 당시의 정치상황과 억압적 현실을 신랄하게 고발.

* 방현석의 『새벽출정』, 정화진의 『쇳물처럼』, 안재성의 『파업』, 김한수의 『성장』과 같은 노동자들의 현실과 투쟁을 다룬 소설들이 잇따라 발표되어 기층민중의 삶과 변혁에 대한 의지를 소설적으로 형상화함으로써 이 시기 소설문학의 성격을 규정짓는 한 조건을 이룸.

* 분단문제를 도식적인 이념의 틀로 접근하지 않고 현대사 전체의 발자취와 맞물려 새롭게 해석하고자 하는 다양한 소설적 시도가 행해짐.
* 이문열의 『영웅시대』는 독특한 역사적 안목으로 일제강점기와 해방 직후, 그리고 6・25전쟁에 이르는 현대사를 조명, 베스트셀러가 된 조정래의 『태백산맥』은 현대사에 대한 문학적 해석을 가능하게 함.

* 새로운 기법을 통해 실험적인 창작의 길을 모색하는 일련의 작품들도 있었는데, 이인성의 「낯선 시간 속으로」, 최수철의 「화두, 기록, 화석」과 같은 작품들이 그것이다. 이들은 전통적인 소설문법의 의도적인 파괴를 통해 새롭고 다양한 형식 실험을 시도했다.

제14-2강

수필隨筆

1. 수필의 개념

* 수필隨筆이란 글자 그대로 해석하면 '붓을 따라서' '붓 가는 대로'의 뜻.
* 그때 그때 보고 듣고 느낀 것을 일정한 형식에 얽매이지 않고 쓴 글.

* 수필은 일정한 문학 형태에 소속됨이 없이 유동적 양식을 취한다.
* 내용 또한 별다른 제약이 없이 자유로이 쓸 수 있는 글.
* 수필은 그 형태적인 면에 있어서나 내용적인 면에 있어서 개방된 문학 양식.

* 동양에서 수필이란 말이 처음 쓰인 것은 12세기 남송南宋의 홍매洪邁가 쓴 『용재수필容齋隨筆』이란 책 이름에서 '수필'이란 용어가 처음 보임 – 이 책의 서문 – '내가 평소 게으른 버릇으로 하여 책을 많이

읽지는 못하였으나 뜻한 바를 그때 그때 기록하여 차례가 없으므로 이름 붙여 수필이라고 한다.'(予習懶 讀書不多 意之所之 隨即記錄 因其後先 無復詮次 故目之曰隨筆)

* 한국의 경우에는 박지원의 『열하일기熱河日記』 중 「일신수필馹汛隨筆」의 항목에 <수필>의 용어가 처음 보임.

* 수필의 기원에 대해서는 이설이 많다.
* 그리스 시대 테오프라스토스의 『성격론』, 플라톤의 『대화편』, 로마시대의 키케로, 세네카, 그리고 마르쿠스 아우렐리우스의 『명상록』 등도 수필이라고 할 수 있으나 프랑스의 몽테뉴의 『수상록』을 수필의 원조로 보는 것이 통설.
* 영국 수필의 원조는 그보다 17년 늦은 F.베이컨의 『수상록』을 꼽는데 영국에는 그 이후에 C. 램, W. 해즐릿, L. 헌트, T. 드 퀸시 등의 유명한 수필가가 배출되었다.
* 램의 『엘리아의 수필』(1823)은 시정인市井人의 여유와 철학이 깃들어 있으며 신변적·개성적 표현이면서도 인생의 참된 모습이 묘사되어 있고, 영국적 유머와 애상이 잘 드러나 있음.

* 한국에서는 김만중 『서포만필西浦漫筆』, 편자·연대 미상의 조선 초의 『대동야승大同野乘』, 유형원의 『반계수록磻溪隨錄』, 고려 때 이인로의 『파한집破閑集』, 최자의 『보한집』 등으로 거슬러 올라갈 수 있다.
* 한국 근대 최초의 수필은 유길준의 『서유견문西遊見聞』(1895)이며, 이어 최남선의 『백두산 근참기白頭山覲參記』, 『심춘순례尋春巡禮』

(1927), 이광수의 『금강산유기金剛山遊記』 등이 간행, 이것은 모두 기행문으로서의 수필.

＊ 김진섭의 『인생예찬人生禮讚』, 『생활인의 철학』, 이양하의 『이양하수필집』, 계용묵의 『상아탑象牙塔』 등이 나왔으며, 조연현, 피천득, 안병욱, 김형석, 김소운 등의 등장으로 한국의 수필문학은 종래의 기행문적인 것에서 벗어나 다양하고 깊이 있는 인생체험에서 우러나온 수필로 전환.

2. 수필의 특성

① 형식의 개방성
② 개성의 표출성
③ 제재의 다양성
④ 유머와 위트의 문학

＊ 수필은 이 특성도 또한 구속성을 가지는 것이 아님.
＊ 다양하고 폭넓게 수필은 그 특성을 감싸 안을 수 있는 문학의 장르.

3. 수필의 분류

＊ 수필은 그 정의가 좀 막연한 것과 같이 종류의 분류도 일정하지 않다.

＊ 보통, 일기·서간·감상문·수상문·기행문 등도 모두 수필에 속하며 소평론小評論도 여기에 포함시킬 수 있다.

* 수필을 에세이와 미셀러니(miscellany)로 나누는 경우
  - 에세이 – 어느 정도 지적知的·객관적·사회적·논리적 성격을 지니는 소평론 등
  - 미셀러니 – 감성적·주관적·개인적·정서적 특성을 가지는 신변잡기, 즉 좁은 뜻의 수필

  - 포멀 에세이 – 소평론 등
  - 인포멀 에세이 – 일반적인 의미의 수필

* 중수필重隨筆·경수필輕隨筆·사색적 수필·비평적 수필·스케치·담화수필譚話隨筆·개인수필·연단수필演壇隨筆·성격소묘수필性格素描隨筆·사설수필 등으로 나누기도 함.

희곡戱曲

1. 희곡의 개념

　*희곡(drama)은 문학의 한 장르다. 문학의 다른 장르와는 달리 무대상연을 전제로 한 특수성과 그에 따르는 제약을 가지고 있게 된다. 희곡은 문학성과 연극성을 공유하고 있다.

　* 희곡은 영어로 'drama' 또는 'play'라고 말한다. 'drama'는 '행동한다'는 의미의 동사로 그리스어 'dran'에서 유래한다. 또한 'play'는 고대 영어에서 '유희한다'는 뜻 – 희곡이란 말 자체가 벌써 연극성을 내포하고 있다.

* 희곡이란 배우와 관객, 극장 등과 함께 연극의 주요 구성요소의 하나 – 연극의 대본으로서의 문학.

① 희곡에서는 직접적인 묘사를 할 수 없다.
② 희곡에서는 작가의 직접적 해설을 붙일 수 없다.
③ 희곡에서는 '순전히 정신적, 심리적인 행동'을 사용하기가 어렵다. 희곡은 객관적이고 외적인 행동의 세계를 현재적 무대 위에서 표출할 뿐이지, 완전한 심리의 세계나 정신의 영역, 다시 말해서 내면의 세계를 표현하기가 어렵다는 뜻이다. 물론 연기자의 제스처나 대화를 통해서 간접적인 심리표현을 할 수 있겠지만 소설이나 시에서 보듯이 세밀하게 심리분석을 한다든지 내면을 철저하게 탐구하는 일은 도저히 할 수 없다. 셰익스피어 극에서 독백시의 수법으로 심리 표현을 하기도 했고, 유진 오닐이 비슷한 수법을 쓰려고 했지만, 결코 일반적인 것은 아니다
(C. Brooks & R. B. Heilman, Understanding Drama, New York, 1965, pp. 24~25 참조).

2. 희곡의 본질

* 희곡은 언어에 의해 구성되어 있다는 점에서는 분명히 문학이다. 그러나 그것은 상연을 목적으로 하기 때문에 여러 무대 조건의 제약을 받게 된다. 따라서 다른 관점에서 보면 희곡은 상연됨으로써 비로소 본래의 존재를 주장할 수 있는 예술이라고도 할 수 있다.
* 희곡은 대본이며, 일종의 청사진에 지나지 않는다. 이 청사진은 배우가 장치, 소도구, 조명, 음향효과를 갖춘 무대에서 사건을 실제로

연기하고 등장인물을 창조함으로써 완성된다.

　* 레제드라마[Lesedrama, 서재희곡書齋戱曲] - 읽히는 것을 목적으로 씌어진 것으로서 상연과는 관계가 없으며, 테니슨의 『해럴드』(1876) 등이 그 일례이다. 레제드라마는 보통 본래의 극 구조가 결여되어 있어 상연용 희곡에 비해 굉장히 긴 경우도 있다. 레제드라마는 대화 형식으로 씌어진 이야기와 비슷하여 운문 형식을 취할 수도 있고 작가의 일반화된 철학과 비견되는 것으로 볼 수가 있어 연극이 산문극에 의해 지배된 시대적 산물이라고 볼 수 있다. 형식적으로는 레제드라마도 희곡인 것은 분명하지만 엄밀하게는 희곡이란 극장이나 관객 앞에서 상연되는 것을 목적으로 씌어진 것에 한정된다.

3. 희곡과 시나리오

　* 희곡은 연극을, 시나리오는 영화를 전제로 창작되어진다는 면에서 공통점을 지닌다. 희곡은 무대에서, 시나리오는 스크린에서 표현되는 것을 전제로 한다는 점에서 이 두 양식은 동일하다. 또한 희곡과 시나리오는 극적 구성을 본질로 한다는 점, 대화를 중시하는 점, 등장인물 등의 매개를 통하여 이루어진다는 양식 상에서의 유사점을 공유하고 있다.

　* 기본적으로 대두되는 문제는 희곡이 문학 장르로서 존재하는 반면, 시나리오는 일반적으로 문학으로 인정되고 있지 않다는 점이다. 이유는 희곡이 연극에 대해 지니는 독립적인 성격에 비해 시나리오는 영화의 한 부속적 성격으로 강하게 인식되어 왔기 때문이다. 뿐만 아니라 희곡과 시나리오가 모두 문자를 매재로 표현된 것이기는 하

지만, 희곡이 문장에 의한 이야기의 전달을 목적으로 한 문학적인 의미의 표현임에 반해 시나리오는 그 문장이 시각적視覺的인 면을 보다 중시하여 표현하고 있다는 점을 들 수 있다. 그리고 시나리오를 창작적인 면에서 평가하기 보다는 영화 제작을 위해 만들어 진 한 기술적인 소산으로 보려고 하기 때문이다. 다시 말하면 시나리오를 독자적인 작품으로 보기 보다는 영화의 한 협력적 요소로 받아들이는 것이 보편적인 관점이 되어 있기 때문이다.

* 시나리오를 문학의 장르로 보아야 한다는 견해도 만만치 않다. 시나리오도 희곡처럼 문자를 매재로 하여 궁극적으로는 예술성을 추구하고 있다고 판단하기 때문이다. 시나리오를 문학의 장르로 보아야 할 것인가에 대한 상반된 논의를 통해 그와 공통점을 지니고 있는 희곡에 대한 특성은 보다 구체적으로 드러날 수도 있을 것이다.

4. 희곡의 특성

(1) 갈등(conflict)

* 희곡은 무대 공연에 필수적인 시간적 제한 요소를 중시하지 않을 수 없다.

* 제한 시간에 연극으로 공연될 경우 희곡은, 관중의 관심을 집중시키기 위해 긴장된 분위기와 극적인 상황을 필요로 한다. 극적이라고 하는 것은 팽팽한 긴장감, 위기, 기대하거나 예상하지 못한 전개 등등을 말한다. 희곡은 이러한 극적인 긴장감 즉 드라마틱한 상황을 중심으로 사건이 전개되어야 한다.

* 이러한 상황의 설정을 위해서는 서로 상반되는 두 힘의 충돌이

있어야 한다. 이 충돌을 위기(crisis) 혹은 갈등이라고 말하고, 이것이야 말로 극적 행동을 가져오게 할 수 있는 것이며 극적 효과를 극대화 할 수 있는 관건이 된다. 희곡은 상황이나 힘의 대립, 주동인물과 그 반대세력의 대립 등을 통해 이 상황을 설정하여야 한다.

(2) 지문과 대사 그리고 인물설정

* 희곡에서의 언어 서술은 무대 지시와 대사로 이루어진다. 무대 지시를 하는 언어를 무대 지시문 혹은 그냥 지문이라고도 한다.

① 무대 지시문(stage direction) - 무대 지시문이란 장면의 정경이나 연기자의 동작을 가리키는 무대 지시를 적은 것 - 무대 지시문은 무대 지시(scene direction)와 동작 지시(action direction)로 나누어진다. 그 이외에도 음악, 조명, 효과, 등장인물의 모습, 의상, 성격, 무대 상황 등 대사 이외에 표현할 수 있는 모든 것이 무대 지시문에 포함된다.

② 대사 - 희곡에서 무대 지시문을 제회한 모든 것은 인물들의 대사로 이루어진다. 대사를 통해 이야기를 관객에게 전달하고, 인물들의 성격과 생각 그리고 인물들 간의 관계를 드러내게 해 준다. 대사는 일반적으로 대화로써 이루어진다. 그러나 독백[獨白, soliloquy]이나 방백[傍白, aside] 등도 포함된다.

③ 인물설정 - 희곡에서 인물의 성격적인 요소는 등장 인물의 행동이나 대사를 이끄는 역할에 그 중요성이 있게 된다. 희곡에서 성격을 설정할 때 지녀야 할 특성 - 첫째, 성격은 집중되어야 하고 응축되

어야 한다. 둘째, 성격은 유형적이며, 동시에 개성적이어야 한다. 셋째, 성격은 심리적 갈등과 의지의 투쟁을 보여주어야 한다. 등장인물은 극의 진행에 따라 상황과 성격의 대립에서 오는 갈등과 번민을 맞이하여 진지한 행동으로 끝까지 투쟁하는 자세를 보여야 한다. 평면적 인물(flat chracter)이 아닌 입체적 인물(round chracter)이어야 한다. 넷째, 희곡에 등장하는 모든 인물의 성격은 등장인물이 극중에서 행하는 행동이나 대화를 통해 간접적으로 표현된다. 희곡에서의 성격 표현은 대화와 행동에 의하지 않고서는 구체화 되기 어렵다.

5. 구성의 특성과 그 단계

* 희곡의 구성은 극적 긴장과 서스펜스를 일으키는 구조를 이루어야 한다.

* 희곡의 구성은 강한 갈등과 투쟁에 의한 인간 행위를 중심으로 '시작'과 '중간' 그리고 '끝'이라는 기본적 골격을 갖추어야 한다.

* 희곡의 기본 구성은 단지 시간적 연결과정의 전개인 스토리에 인과관계에 의한 유기적 통일을 가하여, 주동 인물과 반대 세력 간의 갈등과 긴장을 중심으로 상승上昇과 하강下降의 과정을 지니게 하여야 한다.

* 희곡의 구성은 강화된 것이어야 한다. 이렇게 하여야만 스토리의 전개를 조직적으로 이끌어, 사건의 위기 조성에 기여하기 때문이다. 긴장과 위기를 조성시키는 극적 구성이야말로 희곡의 특성을 결정해 주는 중요한 요소이다.

* 희곡의 구성을 보다 효과적인 것으로 만들기 위해서는 그 단계에

대한 고찰을 간과해서는 안 된다.

　* 발단 - 전개 - 위기와 절정 - 반전 - 파국

제14강 연습문제

(1) 수필의 특성을 중심으로 수필의 개념을 설명하라.

(2) 희곡과 시나리오를 대비하여 설명하라.

■참고문헌

문학에 이르는 길, 김선학, 목민사, 1999.
문학개론, 조연현, 인간사, 1957.
문학원론, 최재서, 춘조사, 1957.
문학의 이해, 이상섭, 서문당, 1974.
문학개론, 박철희, 형설출판사, 1975.
문학개론, 구인환 등, 삼영사, 1980.
문학의 지평, 고려대출판부, 1983.
문학개론, 이건청 등, 현대문학사, 1990.
문학이란 무엇인가, 싸르트르/정명환 옮김, 민음사, 1998.
Theory of Literature. R. Welleck & A. Warren. Penguin Books. 1956.

■ 부록

문학의 사조

문학사조文學思潮는 일정한 시기, 주된 흐름을 형성한 문학 작품의 사상적 성격을 말한다. 문학은 어떤 형태로든지 그 시대의 모습을 작품에 반영한다. 이 말은 문학이 그 시대의 현실 상황의 영향을 받지 않을 수 없다는 말이기도 하다. 그 시대를 풍미한 시대정신과 세계관 그리고 가치관이 문학 작품 속에는 용해되어 있다고 말할 수 있다. 그러므로 문학사조는 그 시대의 다른 예술은 물론 사회, 경제, 정치, 문화적인 경향과도 불가분의 관계를 가지고 있다.

서구의 문화는 서로 대립되는 두 전통에 뿌리를 두고 있다. 고대 그리스와 로마시대의 문명, 그리고 유태교와 기독교에 바탕을 둔 문명이 그것이다. 이 두 전통을 헬레니즘과 헤브라이즘이라고 부른다. 헬레니즘과 헤브라이즘의 전통은 그 세계관에 있어 본질적인 차이를 가진다. 헬레니즘이 인간 중심적인 세계관을 보여준다면 헤브라이즘은 신神 중심적인 세계관을 보여 준다.

서구의 문학 전통이나 문학사조는 헬레니즘과 헤브라이즘을 두 축으로 해서 형성 발전해 왔다. 서구문학은 끊임없이 이 두 전통을 오가며 발전 변화해 왔다. 역사적으로 보면 헬레니즘이 먼저 그 난숙기를 맞이하였고 그 다음에 헤브라이즘이 꽃을 피었다. 헬레니즘이 대략 BC 1세기에서부터 기원 후 1세기에 걸쳐서 그 난숙기를 맞이하고 그 후 점차 쇠태하여 갔다면, 기원 후 1세기부터는 헤브라이즘이 그 자리를 대신하였다. 그러나 이 전통은 어느 특정한 시대에만 나타난다기 보다 오히려 여러 시대를 거쳐 편재적으로 나타난다고 보는 편이 옳다.

말하자면 문학 전통이나 문학 사조는 헬레니즘과 헤브라이즘이 서로 엇갈려 발전 변화해 온 것과 마찬가지다. 문학 사조는 이처럼 이 두 전통이 교차반복적으로 되풀이 되면서 그 모습을 바꾸어 나타났다고 할 수 있다. 비슷하거나 동일한 표현을 계속 되풀이하면서 그럴 때마다 그 의미를 보태는 수사법에서의 점증법과 같이, 문학 전통이나 사조도 시대와 장소에 따라 조금씩 새로운 의미가 보태어지면서 다른 모습으로 변화 발전해 왔다.

동양문학은 중국문화권의 영역에서 그 변화와 발전을 계속하여 왔다. 한국문학도 예외는 아니었다. 한국의 고대문학은 중국문학의 발전과 변화에 심대한 영향을 받으면서 형성되어 왔다. 서구문학의 유입과 수용은 한국문학의 경우, 20세기를 전후한 시기에 일본을 통해서 이루어졌음은 이미 주지의 사실로 되어 있다. 이때 서구의 문학사조도 유입 수용되게 되었다. 이후 한국문학은 서구문학의 개념에 의해 형성되고 발전되게 된 것이다. 따라서 오늘날 한국문학에서 말해지는 문학사조는 서구의 문학사조를 중심으로 담론된 것은 필연적인 것이었다.

20세기 이전까지 이른바 한국의 고대문학에서 그 나름대로 문학의 주된 사상적 흐름이 없었던 것은 아니었다. 그러나 한국의 근·현대문학의 흐름을 이해하고 파악하는 데 있어 이러한 사항은 중요하지가 않다. 그것은 한국의 근·현대문학이 앞서 말했듯이 서구문학의 영향과 그 영역에 논의의 초점이 맞추어지기 때문이다.

  사정의 이러함은 문학사조를 이해함에 있어 서구문학의 흐름, 특히 서구 문학사조의 기원과 그 변화를 이해하는 것이 필요함을 말해 준다. 서구문학 흐름의 개관을 통해 문학사조를 이해하고자 하는 이유가 여기에 있다.

1. 고대 서구문학 흐름

  고대 서구문학은 구전되어온 수많은 자료들이 기록되기 전에 잊혀졌거나, 기록된 것도 대부분 화재와 전쟁으로 소멸되거나 오랜 세월이 경과하는 동안 마멸되어 고고학자와 고문서학자들에 의해 발굴되거나 복원된 것은 매우 적다. 그러나 고대 그리스어 작품과 그보다 양이 훨씬 더 많은 라틴어 작품들 중에는 고대의 창조적인 상상력과 지성에 의해 형성된 탁월한 문학유산이 포함되어 있다.

  바빌론·아시리아·이집트·그리스·로마의 5대 문명과 팔레스타인의 이스라엘 문화는 서로 하나 또는 그 이상의 다른 문화와 접촉했다. 가장 오래된 두 문명, 즉 아시리아-바빌로니아의 점토 서판 조각이나 고대 이집트의 썩은 파피루스 두루마리 문서는 현대에 이렇다 할 직접적인 문학적 의미를 나타내지 않았다. 그러나 바빌론에서 최초의 법전과 신화의 원형을 보여주는 2편의 서사시가 나왔는데,

그것은 먼 지역까지 반향을 불러일으켰다. 초자연 세계에 대한 이집트인의 신비로운 직관은 고대 그리스인과 로마인의 상상력을 사로잡았다. 한편 히브리 문화는 서양문학에 가장 커다란 영향을 미쳤는데, 그것은 『구약성서』같은 초기의 저작물이 그곳에서 씌어졌기 때문이다. 그리고 구약성서는 성聖 아우구스티누스 시대 이래 라틴어뿐만 아니라 각 지역의 방언으로도 번역되어 서구인의 의식에 깊은 영향을 미쳤다. 그전까지만 해도 유대교의 응축된 정신성은 고대 그리스·로마 세계와는 무관한 것이었다.

그리스 문학은 메소포타미아·소아시아·이집트의 종교적 신화에서 영향을 받긴 했으나 직접적인 문학의 모체가 없이 자생한 것으로 보인다. 고대 로마의 문인들은 주제나 주제를 다루는 방법, 운문과 운율을 선택할 때 고대 그리스에서 그 본보기를 찾았다. 로마 문학은 결국 중세초까지 이어져 내려왔지만, 그리스 문학은 전적으로 라틴 전통 속에 포함되어 르네상스에 이르러서야 재발견되었다.

그후 '고전적'인 전통은 특히 17세기의 일부 비평가들이 당대의 작가들은 주제와 문체에서 그리스와 로마 작가들을 그대로 본받아야 한다고 주장함으로써 문학의 자연적인 발전을 위협하기 시작했다.

서사시·비극·희극·서정시·풍자시·역사·전기·산문 등 문학의 모든 주요 분야가 고대 그리스·로마 작가들에 의해 이미 형성되어 있었다. 그 후에 발전한 분야는 대부분 이것으로 파생된 것이다.

호메로스의 고대 그리스어 서사시는 베르길리우스의 라틴 서사시의 본보기였고, 알카이오스와 사포의 서정시 형식은 카툴루스와 오비디우스의 작품에 반영되었다. 투키디데스의 역사는 리비우스와 타키투스의 역사로 계승되었다. 그러나 BC 5세기의 위대한 아테네 작가들이 남긴 비극과 비교할 때 로마의 세네카는 그들과 견줄 만한 작품을 쓰지 못했고, 플라톤과 아리스토텔레스의 철학 저술과 비교할 만한 사상도 고대 로마인은 내놓지 못했다. 현실적인 로마인들은 철학자가 될 수 없었기 때문이다. 고대 그리스의 저술가들은 추상적인 사고에 탁월했던 반면, 로마인들은 유달리 구체적인 시각을 가지고 있었으며, 그들이 그린 초상화가 보여주듯이 인간의 개성에 깊은 관심을 기울였다.

한마디로 고대 작가들, 특히 고대 그리스 작가들의 작품은 서양인의 상상력과 도덕적 기질을 표현했다고 할 수 있다. 그들의 작품은 서양인의 가치관을 형성했으며, 먼 후세까지 전통이 이어질 수 있도록 도움을 주었다.

이를테면 호메로스의 서사시는 이방인에 대한 예우에서부터 영웅들의 행동규범과 신에 대한 태도에 이르기까지 깊은 관심을 보여주고 있다. 아이스킬로스와 소포클레스의 비극은 인간이 도덕적 자각에 이르는 모습을 숭고하게 표현했다.

로마 작가들 사이에서는 의무감을 강조하는 승화된 스토아 철학이 나이비우스·에니우스·카토에서 베르길리우스·호라티우스·세네카에 이르기까지 보편화되었다.

플라톤과 아리스토텔레스의 철학사상뿐만 아니라 로마의 유베날리스가 쓴 신랄한 풍자문과 아나크레온의 사랑과 술의 노래에서도 인간에 대한 이상화를 찾아볼 수 있다.

그 이상은 소포클레스의 합창곡에 잘 표현되어 있다.

'경이로운 것이 많아도 흰 바다를 가로지르는 힘을 가진 인간보다 더 경이로운 것은 없다……'

인간의 이상화는 수세기에 걸친 야만주의 시대로부터 문명이 출현한 후 그리스와 라틴문학에서 지속적으로 나타났고, 고대가 막을 내리기 전에 유대교・그리스도교의 정신적 이상으로 변형되었다. 그것을 그려낸 작가들은 중세문학의 전조前兆가 되었다.

2. 중세 서구문학 흐름

중세 서구문학이라고 해도 지역에 따라 각기 그 시작된 시기는 다르다. 그리스의 중세문학은 300년경 동로마(비잔틴) 제국이 수립된 때부터이고, 중세 라틴문학은 476년 로마가 몰락한 직후부터이며, 프랑스의 그것은 800년경 카롤링거 왕조의 샤를마뉴 대제가 촉진시킨 르네상스 때 부터이다.

그러나 시작된 시기는 각각 달라도 중세문학이 끝난 시기는 15세기 말로 거의 같다. 로마 제국 전역에 그리스도교가 뿌리내렸다는 것은 유럽이 초기 교회의 교부들에 의해 발전된 생활・문학・종교에 대한 조직적인 접근방식을 배우게 되었음을 의미한다.

서구에서 그리스도교와 고전철학의 융합은 삶을 상징적으로 해석하는 중세적 습성의 기초를 이루었다. 성聖 아우구스티누스를 통해 플라톤 사상과 그리스도교 사상은 조화를 이루게 되었다. 즉 그리스 세계의 항구적이고 한결같은 질서는 그리스도교적인 형태를 부여받았다. 자연은 신성한 것이며 정신적 진리의 상징적인 계시가 되었다. 처음 성서에 썼던 주석과 해석의 방법이 이제는 고전이나 세속적인 작품에도 일반적인 원칙으로 확대・사용되었다. 그리스도교 이전의 예언자였던 베르길리우스나, 인생을 통해 낙원(로마)에 이르는 영혼의 여로에 관한 설화인 『아이네이스』에서 발견되는 비유적이고 상징적인 접근방법은 『신곡The Divine Comedy』에서 단테가 보여준 자신과 자신의 여정에 대한 비유적 인식과 동일한 전통에 속한다고 할 수 있을 것이다.

교회는 문학의 목표를 설정했을 뿐만 아니라 그것을 보존하기도 했다. 이탈리아의 몬테카시노에 있는 성聖 베네딕투스 수도원은 529년에 세워졌고, 특히 6~7세기에 아일랜드 전도단이 라인 강 유역과 잉글랜드에 파견되었으며, 고트족 전도단이 도나우 강 유역으로 파견된 후 다른 수도원들도 계속 세워져 학문의 중심지가 되었다.

유럽이 고트족·반달족·프랑크족·스칸디나비아인 등의 계속된 침략을 겪었음에도 이 수도원들은 서양의 유일한 고전문학을 보존할 수 있었다. 그렇게 보존된 라틴어 고전과 계속 씌어진 각 지역의 라틴어 작품들은 중세 내내 토착어 작품들보다 훨씬 우세했다.

예컨대 성聖 아우구스티누스의 『신의 도시City of God』, 영국 베네딕투스파 수도사 비드의 『교회사Ecclesiastical History』, 삭소 그라마티쿠스의 『덴마크 연대기Gesta Danorum』 등은 중세의 철학·신학·역사·과학 분야의 대다수 주요작품처럼 모두 라틴어로 씌어졌다.

이 시기에는 문학적 가치를 지닌 작품이 주로 토착어 작품들 가운데서 발견되었다. 유럽의 그리스도교 이전 문학은 구전되어 온 것으로 고대 북유럽의 신화, 시가집 『시 에다Poetic Edda』, 아이슬란드의 전설과 영웅 서사시(saga), 앵글로색슨어의 『베오울프Beowulf』, 독일어의 『힐데브란트의 노래Song of Hildebrand』에 반영되었다. 이러한 작품들은 공통적으로 독일어의 두운頭韻 문학전통에 속한다. 그러나 그 내용 속에 서술하고 있는 역사적 사건 이후에 그리스도교 필사가에 의해 처음으로 기록됨으로써 원래 가지고 있던 이교도적 요소들이 그리스도교적 사상과 감정에 융합되었다.

아이슬란드 문학의 신화는 모든 독일문학에 되풀이되고 있는 점에 비추어 유럽의 공통된 원천에서 유래된 것이 분명하다. 그러나 스칸디나비아의 원본들만은 이야기와 등장인물에 일관된 설명을 부여하고 있다. 각 나라의 수많은 발라드도 역시 암송으로 구전되던 초기의 전통을 반영하고 있다.

중세 토착문학의 여러 장르 가운데 가장 잘 알려진 것은 중세의 기사 이야기인 로맨스와 궁정 연애시이다. 두 가지 모두 대중적인 구비문학 전통의 요소와 학문적인 고급 문학의 요소를 결합하고 있다. 이들은 대체로 프랑스에서 유래했다. 로맨스는 시구詩句에서 고대 그리스・로마의 고전 또는 아서왕 전설을 사용했는데, 그것은 『롤랑의 노래The Song of Roland』와 같은 봉건사회의 영웅서사시를 기사들의 무용담으로 대치했다.

로맨스에서는 사랑・충성・인격이라는 복합적인 주제가 정신적 진리에 대한 추구와 결합되었다. 그것은 당대 서양의 모든 주요 문학 작품에 나타나는 특징이기도 하다. 연애 서정시도 역시 그 안에 이질적인 배경을 갖고 있었다. 대중적인 연애시 전통의 영향에 대해 다양한 의견이 있듯이 궁정 연애시의 정확한 기원에 대해서도 아직 의견이 분분하다. 그러나 프랑스 남부와 북부의 시인들이 쓴 이상적인 여인과 번민하는 구혼자 이야기가 전 유럽을 통해 모방되거나 재해석되었다는 사실만은 분명하다. 그것은 이탈리아 시칠리아파派의 시, 독일의 미네징거(연가), 라틴어 운문집 『카르미나 부라나Carmina Burana』 등에서 엿볼 수 있다.

중세의 연극은 그리스도 출생 이후의 중요한 날에 교회에서 이루어진 종교의식에서 시작되었다. 종교의식의 극적 성격은 처음에는 몸짓과 무언극無言劇의 형식을 취하다가 나중에는 종교의식에 허구적인 사건이나 인물을 넣어 좀더 정교한 극적 형태로 발전했다. 이 과정이 더욱 진행되어 도시의 거리, 마을 빈터의 무대나 수레 위에서 연극이 공연되었다. 배우들은 장인조합원이거나 직업 배우로서 도시에 고용되어 지역축제나 종교축제에서 공연했다. 극은 신비극·기적극·도덕극의 3가지 형태로 발전했다.

독일이나 프랑스에서는 그리스도의 행적을 자료로 한 것을 '신비극', 성인 순교자의 기적을 다룬 것을 '기적극'으로 구분하지만 영국에서는 양자를 엄격히 구분하지 않는다. '도덕극'은 영국에서 기적극보다 약간 늦은 15~16세기에 유행했는데, 의인화된 선과 악이 '인간', '만인' 등의 이름을 가진 주인공을 서로 차지하기 위해 다투고, 주인공은 잠시 악의 유혹에 넘어가지만 결국 선의 인도로 회개하고 구원을 받는다는 원형적인 줄거리를 갖는 극이다. 중세극의 제목과 주제들은 종교적이지만, 각 작품의 소제목은 익살스럽거나 소극적笑劇的이고 때로는 외설적이기까지 한 내용을 위장한 것도 있다. 가장 유명한 도덕극 중 하나는 네덜란드어 작품을 영어로 번역한 『만인 Everyman』이다.

중세문학은 대부분 작자 미상이고 쉽게 연도를 추정할 수 없다.

단테·초서·페트라르카·보카치오 같은 몇몇 위대한 시인과 작가들은 이 시대 말기에 출현했고, 그들의 작품은 최고의 중세문학이 지닌 과도기적 특성을 확실히 보여준다. 왜냐하면 그들은 중세사회를 탁월하게 해설했던 거장인 동시에 르네상스 문학의 위대한 주제와 형식을 암시했기 때문이다.

3. 르네상스 시기의 서구문학

'다시 태어난다'는 뜻의 '르네상스' 혹은 '문예부흥'은 중세의 뒤를 이은 유럽의 역사적 시기를 말한다. 지적·예술적 탐구의 새로운 정신이 일깨워진 것이 이 시대의 정치적·종교적·철학적 현상을 지배한 특징으로, 그것은 본질적으로 고대 그리스·로마 정신의 부활이었다.

문학에서 르네상스는 위대한 고전작가들에 대한 새로운 관심과 분석을 의미했다.

학자들은 '잃어버린' 고대 문헌들을 찾아내어 번역했고 그것의 전파는 1450년경부터 발달한 유럽의 인쇄술에 의해 촉진되었다. 르네상스 시대의 미술과 문학은 과거 어느 시대에서도 이루지 못한 수준에 도달했는데 이 시대의 특징은 크게 3가지이다.

첫째, 인문주의자로 알려진 고전학자들이 보여준 학문에 대한 새로운 관심이다. 그들은 새로운 작가들에게 적합한 고전의 본보기를 제공해 주었다.

둘째, 마르틴 루터가 이끈 종교개혁을 시발점으로 한 새로운 그리스도교의 모습이다. 프로테스탄트는 사람들의 눈길을 개인과 그들의 내적 경험으로 돌리게 했으며 가톨릭 국가들의 반反종교개혁이라는 용어로 집약된 반응을 자극했다.

셋째, 1492년 콜럼버스의 아메리카 발견으로 절정에 달한 대탐험가들의 항해이다. 그것은 당대의 가장 재능 있는 작가들의 양심과 상상력을 환기시켰고 해외에 식민지를 건설한 제국주의 국가들에게 광범위한 영향을 끼쳤다.

여기에 과학·천문학의 발달과 15세기말 이탈리아의 정치적 상황

같은 그밖의 많은 요소들이 작용했다. 이탈리아 도시국가들의 새로운 자유와 탐구정신은 단테·페트라르카·보카치오 같은 위대한 르네상스 시대의 선구자들에게 용기를 북돋아준 하나의 요소가 되었다.

프랑스에서 르네상스의 개화는 16세기 '플레야드파'를 형성한 시인들의 시와 미셸 드 몽테뉴의 명상 수필에 나타났고, 이때 스페인은 이 나라 최고의 소설가 미겔 데 세르반테스를 배출했다. 당대에 특출했던 또다른 인물은 포르투갈의 서사시인 루이스 데 카몽스이다.

한편 극은 스페인과 포르투갈에서 번성했는데 대표적인 작가는 로페 데 베가와 힐 비센테이다. 영국에서도 극의 전성기를 맞았는데, 르네상스의 학문과 영국의 전통이 융합되어 크리스토퍼 말로, 벤 존슨, 존 웹스터 등의 작품에 독특한 활력을 주었으며, 특히 영국 최고의 극작가이자 시인인 셰익스피어는 16세기말부터 17세기초에 걸쳐 군림했다.

16세기의 네덜란드 학자인 데지데리우스 에라스무스는 비판적 탐구정신, 고전학문에 대한 존중, 미신의 배척, 신의 가장 복잡미묘한 창조물인 인간에 대한 경의를 특징으로 하는 인문주의를 발전시킨 대표적 인물이다. 종교개혁이 문학에 미친 영향의 한 단면은 이 기간에 성서가 에라스무스의 초기 번역을 포함해 여러 나라의 토착어로 훌륭하게 번역되어 산문 서술의 새로운 기준을 제공했다는 점은 특기할 만한 것이다. 르네상스의 여세는 존 밀턴이 그리스도교적 인문주의의 정신을 반영한 것에서 볼 수 있듯이 17세기로 온전히 전승되었다.

4. 고전주의

르네상스 시대에 봉건적이고 그리스도교적인 중세문학에 반대하여 생긴 새로운 문학적 흐름이 고전주의다. 보다 구체적으로는 그리스·로마시대의 문학을 고전주의라고 부르고 르네상스 이후에 생긴 새로운 흐름을 신고전주의라고도 한다. 그러나 일반적으로 고전주의라고 했을 때는 르네상스 이후의 문학적 흐름을 말하게 된다.

고전주의 문학의 본보기가 된 것은 당시 유럽이 알고 있던 유일한 이교문학異教文學인 그리스·로마의 문학이었다. 그리하여 이탈리아에서는 호머나 베르길리우스를 본떠 아리오스토는 『광란狂亂의 오를란도』(1516)를, 타소는 『예루살렘 해방』(1575)과 같은 서사시를 썼고, 사포와 핀다로스를 모방하여 페트라르카의 서정시가 읊어졌으며, 고대극古代劇을 흉내낸 비극과 희극이 만들어짐과 동시에, 아리스토텔레스의 『시학詩學』연구가 시작되었다. 이러한 기운이 프랑스에 전해지자, 특히 17세기에 접어들어서는 때마침 패권을 확립하려던 루이 14세의 절대왕권제의 정치적 분위기의 영향을 받아 고대의 걸작에서 각 문학 장르의 법칙을 유도해 내어 그 법칙에 따라 창작함으로써 명작을 만들 수 있다는 교조주의적인 생각이 강해져서, 문학작품의 어떤 틀을 만드는 일이 성행하였다. 이것은 고전주의 원리의 하나인 적격의 법칙으로 형성되기도 했다.

이렇게 해서 형성된 고전주의의 문학 이념은 대체로 다음과 같이 요약할 수 있다.

① 문학은 만인에게 공통되는 이성理性에 입각한 것이어야 하며, 감정이나 상상은 이성에 의하여 통제되어야 한다.

② 문학에서 묘사하는 세계는 이성에 비추어 진실하며 또한 도덕적으로 선善이어야 한다(眞善美一體).
③ 그 표현은 어디까지나 우아하고 간결하며 균형잡힌 것이어야 하고 적격의 원리에 입각해야 한다.
④ 이해하기 편리하도록 문학상의 장르를 분명히 나누어 그것을 혼용해서는 안 된다.
⑤ 문학에서는 독자의 관심을 불러일으키는 초자연적인 사건(불가사의한 예상 외의 사건)의 취급이 불가결하기는 하나 그리스도교의 기적만은 피해야 한다.

「고전주의의 이념과 본질」(문예사조, 김용직 등 편, 문학과지성사, 1977. pp. 46~47)에서 박찬기는 고전주의의 일반적 개념을 '고전'의 어의語義를 통해 다음과 같이 정리하기도 한다.

① 고대적, 즉 옛 그리스 미의 이상과 그들의 문화예술적 본질을 지향하는 것으로서 반反게르만적·반중세적·반기독교적·반낭만적·반근대적인 특성을 지닌다.
② 제 일급의 우수하고 모범적이라는 뜻으로는 <classicus civis>의 어의語義적 해석이며, 따라서 반범속이고 불후의 가치를 지니는 뜻이 된다.
③ 중용과 절도, 빙켈만의 '조용한 위대성과 고상한 단순'에서도 표현된 바와 같이 고전의 가치개념 가운데 가장 중심이 되는 요소 중의 하나이다.
④ 귀족적인 성품 가운데 특히 세련, 미묘微妙와 경쾌는 부르거도 지적하는 바이지만, 상기 반게르만·반고딕·반바로크의 일면인 것이다. 쉴러는 우아와 품위로서 그것을 표현하고 있다.

⑤ 인간성의 찬양과 인간 중심적 현세긍정의 사상은 낭만의 중세 지향적인 신성과 종교 내지 내세로 지향하는 경향 등과 대조적이다. 반反카톨릭적이며, 그런 의미에서 반권위적인 것이다.
⑥ '아폴로적' 특성이란 니이체에 의한 명명으로서, 그리스신화의 아폴로 신과 디오니소스 신을 대비하여, 전자는 광명의 신이며, 질서와 명석, 균형과 조화, 절도와 고결을 대표하는 데 반하여 대지의 생명력을 상징하는 생성·변화·취기醉氣·열중·정열·충동 등 무한계의 유동성과 가능성이 내포된다. 이와 같은 대조점을 '고전적'과 '낭만적'의 대립개념으로 구별한 것이고, 따라서 '고전'은 아폴로적이고 '낭만'은 '디오니소스적'이라고 부른 것이다.
⑦ 형식의 아름다움, 질서정연하고 법칙을 중요시하는 '고전'의 특성은 시적 표현에 있어서도 수사적이며 비장한 미를 함유한다. 이것은 후일 프랑스 고전의 모방 등으로 미사여구를 농하고 외식外飾에 빠지는 부작용을 일으키기도 한다.

고전주의에서 문학 장르 가운데 가장 존중된 것은 장편 서사시와 비극이었으며, 소시편小詩篇은 저급으로 취급되었고 희극이나 우화시 등은 그 중간으로 취급되었다. 이와 같은 문학이론은 1610년경부터 60년에 걸쳐 프랑스에서 완성되었는데, 그 이론에 따라 몰리에르, 라신, 라퐁텐, 부알로(풍자시인들) 등이 나타나는데(코르네유는 1630년대부터 활약), 그들의 걸작품은 앞에서 말한 어떤 틀에 의해 만들어진 것은 결코 아니었다. 그들은 그 시대 사람들의 현실생활을 잘 관찰하고, 그런 생활현상이 나타나는 사회적·도덕적·심리적 근원을 추적함으로써 진실되게 사는 인간을 묘사하고 있는 것이다. 틀 같은 것은 심안心眼으로 포착한 것을 작품으로 표현할 때의 한낱 요령으로 채택한 것에 불과한데, 그 틀은 완전히 내적 자율로 전화되어 조금도 그들의 자발성을 손상시키지 않았다. 프랑스의 고전파 작가들은 그 이론적 주장에도 불구하고 우수한 서사시를 남기지 못했으며, 소시편도 서정성이 결여되어서 서정을 필요로 하지 않는 풍자시 이외에는 볼 만한 것이 없다. 그리고, 비극과 희극 외에 고대에는 없었던 격언(格言:라로시푸코), 회상록(레스 추기경과 생시몽), 편지(세비네 부인) 등의 장르에서 걸작을 남겼고, 라파예트 부인은 뛰어난 심리분석으로 고대와는 다른 소설을 개척하였다. 설교로 유명한 보쉬에, 당시의 풍속을 풍자한 『갖가지 인간』(1688)을 쓴 라브뤼예르, 『텔레마크의 모험』(99)을 쓴 페늘롱의 이름도 잊어서는 안될 것이다.

프랑스 고전주의 문학의 전성기는 대략 1660~1685년의 25년간이지만, 이 시대에 그들의 문학이 전적으로 걸작으로만 받아들여진 것은 아니며, 당시는 이에 반대하는 유파(流派; 귀족 사교계 사람들)의 저항도 제법 강했다.

그러나 루이 14세의 만년 이후 그들의 문학이나 부알로의 문학이론의 권위가 침범할 수 없는 확고부동한 것이 되자, 18세기를 통하여 그들의 작품은 비견할 수 없는 본보기로서 존경을 받았다.

프랑스 고전주의는 영국·독일 문학에도 영향을 끼쳤는데, 영국에서는 포프, 애디슨 등을 낳았고 독일에서는 클로프시토크를 낳았다. 개성에 눈을 뜸과 동시에, 고전주의와는 반대로 이성보다는 감정이나 감각·상상을 중시하는 아베 프레보, 마리보, 루소, 디드로 등의 문학이 탄생하였지만, 프랑스에서는 정면으로 고전주의에 도전하려는 경향의 문학 주장은 나타나지 않았다.

고전파가 근거로 삼는 아리스토텔레스의 원전으로 돌아감으로써 프랑스 고전주의에 비판을 가한 것은 레싱이며, 그 뒤를 이어 괴테, 실러의 질풍노도(疾風怒濤; 슈투름 운트 드랑) 시대의 극이 나타난다. 그러나 프랑스 혁명이 발발하자 이 두 사람은 인간의 이상과 문학의 전범典範을 고대에서 찾았는데, 괴테는 「테우리스섬[島]의 이피게니에」(1787), 「토르쿠아토 타소」(90)를, 실러는 「메시나의 신부新婦」(1802) 등을 썼지만, 이것은 프랑스 고전주의와는 다른 것이다.

같은 무렵 이탈리아에서는 메타스타지오와 알피에리가 고전주의적 비극을 썼는데, 그 작품들 속에는 자유를 찾고 폭군을 배격, 국민적 통일을 완수하겠다는 이탈리아 국민의 소망이 고동치고 있었다. 낭만주의파는 고전주의에 과감히 도전, 이를 제압하였지만 그 후에도 고대문학의 간결성과 웅혼미雄渾味를 좇는 문학이 나타나지 않은 것은 아니다. 고답파의 시詩, 앙드레 지드나 클로델의 작품에는 그러한 경향이 현저하게 엿보이는데, 이러한 것들까지도 고전주의로 불리는 경우가 있다.

5. 낭만주의

그리스와 로마시대의 고전주의 일반과 18세기 말까지의 이른바 신고전주의의 특징을 이루었던 질서·냉정·조화·균형·이상화·합리성 등에 대한 반동으로 나타난 문학 및 예술의 일반 사조로 이해할 수 있다. 한편으로 낭만주의는 계몽주의와 18세기의 합리주의 및 물질적 유물론 등에 대한 반발이라고 할 수도 있다. 이러한 낭만주의는 개성·주관·비합리성·상상력·개인·자연스러움·감성·환상·초월성 등을 강조했다. 어떤 논자들은 이러한 낭만주의의 특징적 개념들을 감정과 자연 그리고 상상력으로 압축해서 설명하기도 한다(문예사조사, 이선영 편, 민음사, 1986에서 낭만주의, 고소웅, 55~74쪽 참조).

낭만주의의 기본 개념이 형성된 18세기 중엽부터 몇 가지의 낭만주의적 성향이 이루어지기도 했다. 이것을 전 낭만주의(Pre-Romanticism)라고 부르기도 한다.

영국 문학에서 낭만주의는 윌리엄 워즈워스와 새뮤얼 테일러 콜리지가 『서정민요집Lyrical Ballads』을 출판한 1790년대에 시작되었다. 워즈워스가 『서정민요집』 제2판(1800)에 붙인 서문에서 시를 '강렬한 감정의 자연스러운 흘러넘침'(the spontaneous overflow of powerful feelings)으로 정의한 것이 영국 낭만주의 시운동의 시작이 되고 그 선언이 되었다.

영국 낭만주의 운동의 초기 단계에서 3번째로 중요한 시인은 윌리엄 블레이크이다. 한편 독일 낭만주의 운동의 첫번째 단계는 내용과 문어체 모두에 걸쳐 일어난 혁신과 신비적인 것, 잠재의식, 초자연적인 것에 대한 탐닉이 그 특징이다.

1805년경부터 1830년대까지 지속된 낭만주의의 2번째 단계에는 고유의 민담, 민요풍의 발라드와 시, 민속춤과 음악, 심지어 그때까지 무시되어온 중세와 르네상스 시대의 작품들을 수집하고 모방한 것에서도 알 수 있듯이, 문화적 민족주의가 되살아나고 민족의 기원에 새로운 관심을 기울이게 된 것이 특징이다.

역사에 대한 평가가 되살아나자 역사소설의 창시자인 월터 스콧 경은 이를 풍부한 상상력과 함께 글로 옮겨, 역사소설을 개척했다. 이 즈음에 영국의 낭만주의 시는 존 키츠와 바이런 및 퍼시 비시 셸리의 작품을 통해 절정에 이르렀다.

1820년대에 이르자 낭만주의는 유럽의 거의 모든 나라 문학에 널리 퍼졌다.

　이 후기(2번째) 단계에서 낭만주의 운동의 접근방식은 보편성을 잃고, 나라마다 역사적 유물과 문화유산을 연구하거나 비범한 인물들의 정열과 투쟁을 조사하는 데 노력을 기울이게 되었다. 또한 미국에서는 남북 전쟁 이전에 활동한 대부분의 주요작가들을 낭만주의 계열의 작가로 들 수 있다.

　한국문학에 있어서 낭만주의가 대두된 것은 1920년대초에 쓰여진 시에서이다. 개인의 자유와 창조적 가능성에 관심을 기울이며 전통적 도덕과 인습에 거세게 반발하는 동시에, 현실에 대한 극단적인 부정과 현실에서 도피하려는 절망적 색채를 짙게 드러냈다. 이것은 국권상실이라는 절망과 3·1 독립운동의 좌절에 의한 지식인의 자조적 허무주의와 관계하기도 한다.

　흔히 1920년대 낭만주의를 허무주의적이며 병적·감상적 낭만주의라고 부르는 것은 이러한 이유 때문이다. 이러한 경향은 동인지 『백조』를 중심으로 나타났는데, 홍사용·박종화·나도향·이상화 등이 이에 속했다. 박영희의 「환영幻影의 황금탑」(백조, 1922.1)·「월광月光으로 짠 병실」(백조, 1923.9), 박종화의 「사死의 예찬」(백조, 1923.9), 이상화의 「나의 침실로」(백조, 1923.9) 등은 현실의 모든 번민과 집착의 저편에 서서 죽음에의 초대를 노래했다. 홍사용의 「나는 왕이로소이다」(백조, 1923.9)에서는 세상을 공포와 비애만이 가득찬 곳으로 보기도 했다.

　따라서 1920년대 낭만주의자들이 추구했던 행위는 낭만적 정열이라기보다는 낭만적 허무로 끝나며, 그것은 감상에 탐닉한다는 점에서 두드러지게 나타난다.

　그러나 자신의 감정을 과장하고 일정한 감정의 절망적 몸짓을 관습화하는 이러한 감상의 바탕에는 건강한 도덕성이 있을 수 없으므로 1920년대 낭만주의 문학은 김소월 등 몇몇 외에는 그 가치를 의심받을 수밖에 없다. 따라서 1920년대 초기에 감상 및 퇴폐적 성격을 띠었던 낭만주의 문학은 사실주의 또는 프로 문학에 주도권을 넘겨줄 수밖에 없게 되었다.

6. 사실주의

객관적 사물을 있는 그대로 정확하게 재현하려는 태도가 사실주의(realism)의 기본적인 개념이다. 따라서 사실주의는 추상예술·고전주의·낭만주의에 대립하는 개념으로 이해될 수 있는 문학과 예술의 사조이다.

미술·문학에서 리얼리즘, 즉 사실주의의 용어가 쓰이게 된 것은 콩트의 실증주의 영향과 함께 이상주의적 계몽주의와 환상적 낭만주의에 대한 반작용에서 비롯된다. 그러므로 사실주의는 19세기 중엽부터 발달하기 시작한 문학과 예술운동에 그 근거를 두고 있다.

문학에서는 발자크가 『인간 희극』에서 프랑스 사회 전체를 백과사전처럼 자세히 묘사하려고 애썼다는 점에서 사실주의의 선구자로 지적된다. 그러나 문학에서 의식적으로 사실주의를 추구하려는 노력을 하게 된 것은 1850년대에 와서였고, 그 후 사실주의 문학은 화가인 쿠르베의 미학적 입장에서 영감을 얻었다. 쿠르베의 화풍을 널리 소개한 프랑스의 언론인 샹플뢰리는 『사실주의』(1857)에서 쿠르베의 이론을 문학에 적용했다.

샹플뢰리는 비평문에서 소설의 주인공은 비범한 인물보다는 평범한 사람이어야 한다고 주장했다. 1857년 플로베르의 장편소설 『보바리 부인』이 출판되었다. 외간 남자와 간통한 불행한 중산층 가정주부의 심리 변화를 낱낱이 검토하고 부르주아의 정신적 경향을 객관적으로 묘사한 이 소설은 사실주의 문학의 걸작이며 유럽에 사실주의 운동을 뿌리 내리게 한 작품이기도 했다.

루이 왕조시대 프랑스의 거대한 전경을 제시한 플로베르의 『감정교육』(1870)은 또 하나의 주요한 사실주의 작품이다. 공쿠르 형제도 중요한 사실주의 작가였다. 그들은 여러 작품에서 다양한 사회 및 직업 환경을 다루었고, 상류층과 하류층의 사회적 관계를 솔직하게 묘사했다.

이러한 사실주의 문학가들의 정신은 1860~1970년대 유럽 문학의 주류를 이루게 되었다. 초연함과 객관성, 정확한 관찰을 강조하고, 사회환경과 관습을 명쾌하면서도 절도있게 비판하며, 도덕적 판단 밑에 인간에 대한 이해가 깔려 있는 사실주의는 소설 형식이 한창 발전하는 동안 근대소설의 구조에 없어서는 안 될 필수적인 부분이 되었다. 영국의 찰스 디킨스와 앤서니 트롤로프 및 조지 엘리엇, 러시아의 이반 투르게네프와 톨스토이 및 도스토예프스키, 미국의 윌리엄 딘 하웰스, 그리고 독일의 고트프리트 켈러와 초기의 토마스 만 등은 모두 자신의 소설에 사실주의적 요소를 받아들였다.

문학에서 사실주의가 낳은 중요한 결과는 자연주의였다. 자연주의는 현실을 의도적으로 고르지 않고 사실주의 보다 훨씬 더 과학적이고 정확하며 충실하게 묘사하는 것을 목표로 삼는 19세기말 20세기 초의 문학운동이었다. 자연주의의 주도적 인물로 프랑스의 소설가 에밀 졸라를 들 수 있다.

한국에서 사실주의 문학이 형성되기 시작한 것은 대체로 신소설이 등장한 1900년대 중반 이후로 볼 수 있다. 물론 그전에 『허생전』・『양반전』 등 박지원의 한문소설과 『춘향전』 등의 판소리문학에서도 사실주의 경향을 찾아볼 수 없는 것은 아니다. 그러나 이 작품들의 근대 지향성과 사실주의 경향은 지극히 부분적인 데 그쳐 진정한 의미의 근대 사실주의 문학으로 보기는 어렵다.

신소설 가운데 특히 이인직과 이해조의 초기 신소설은 봉건체제와 이데올로기에 대한 근본적 변혁을 적극적으로 형상화하는 가운데 당대의 현실을 충실하게 그려냈을 뿐 아니라, 인물의 개성적 성격화에도 상당한 진전을 거둠으로써 한국 근대 사실주의 형성에 중요한 기여를 했다고 평가할 수 있다. 그러나 계몽주의적 문학관의 압도적 영향으로 인해 신소설은 중세문학의 관념성과 추상성에서 완전히 탈피하지 못하는 한계를 드러냈다. 신소설의 통속화가 급속히 진행되자 초기 신소설의 진보적 전통을 새로이 계승하려는 노력이 이광수 등에 의해 이루어졌다.

이광수의 장편소설 『무정』은 인물의 개성적 성격화, 언문일치제의 수립, 구성의 치밀성, 관념성 극복 등에 있어 신소설보다 한 걸음 나아간 문학적 성과를 이루었다. 그러나 이러한 성과에도 불구하고 『무정』은 일면적이고 허구적인 근대주의와 비현실적 낙관주의로 인해 당대 현실을 제대로 그려내지 못했을 뿐 아니라 신소설의 사실주의적 성취도에도 미치지 못하는 면모를 보여주기도 했다.

한국의 사실주의 문학이 본격적으로 발전하기 시작한 것은 1920년대부터이다. 특히 염상섭의 「만세전」은 평범한 일본 유학생이 귀국 후 다양한 사건을 겪으면서 민족의 현실을 자각하는 과정을 그리면서 식민지조선의 여러 모습을 냉철하고 꼼꼼하게 그려냈다. 또한 현진건의 「운수 좋은 날」이나 나도향의 「벙어리 삼룡이」 등도 당시의 사회적 모순을 비판적으로 폭로하여 사실주의 문학의 중요한 성과를 이루었다.

그러나 이들의 문학은 부르주아 민족주의 또는 추상적 휴머니즘에 머물러 현실을 총체적으로 반영하는 데 근본적 한계를 지니고 있었다. 이러한 한계를 극복하고 사회적 생산관계와 계급대립의 측면에서 현실을 바라보려는 움직임이 1923년을 전후하여 나타나기 시작했다. 이른바 '신경향파'의 선구자로 평가되는 최서해는 자신의 체험을 바탕으로 당시 민중의 극한적 궁핍과 지주와 소작인의 계급대립을 다루었다. 한설야의 『황혼』, 채만식의 『태평천하』, 이태준의 「농군」 등도 이 시기의 중요한 사실주의 문학의 성과라 할 수 있다.

7. 자연주의

자연주의(naturalism)는 프랑스를 주축으로 하여 19세기 사실주의를 이어받아 19세기 말에 활발했던 문학사조를 말한다. 자연주의는 근본적으로는 사실주의와 동질성을 가지지만 보다 더 과학정신에 대해 적극적이고 따라서 현실의 상황에 대해서 사실주의 보다 비판적이고 고발적인 요소가 두드러지게 된다. 자연주의는 프랑스 이외의 유럽 여러 나라에서 소설과 연극에서 강한 영향을 나타냈다.

자연주의는 프랑스의 에밀 졸라에서 시작된다고 보는 것이 일반적이다. 졸라는 젊어서는 낭만주의적 경향이 강한 작가였다. 그런데 그는 플로베르, 공쿠르 형제 등의 관찰을 원리로 한 사실풍의 작품에 영향을 받고, 1864년경부터는 확실히 리얼리즘 문학의 방향으로 나아갔다.

그는 특히 공쿠르의 『제르미니 라세르퇴』라는 박복한 가정부의 일생을 그린 소설에 감명을 받고 이 작품을 '불결한 문학'이라고 비난하는 측에 대해 강력히 항변하고 이 작품을 변호하였다. 1860년대 프랑스 문학사조에 지도적 역할을 한 것은 떼느의 실증주의였다. 졸라는 떼느의 말을 빌려 자신의 문학이론을 뒷받침하려 하였다. '악덕과 미덕은 다같이 황산이나 설탕처럼 화합물이다'라는 말은 떼느 자신의 저서 『영국문학사』 서문에 쓴 유명한 말이다. 졸라는 이 말을 자가 작품 『테레즈 라켕』(1867)의 제2판 서문 속에 그대로 인용할 정도였다. 졸라는 거기에 덧붙여서 '두 등장인물의 살아 있는 몸뚱이에 해부의解剖醫가 시체를 해부하듯 분석하였다'라고 자신의 과학의 해부정신에 입각한 창작태도를 밝히고 있다.

공쿠르는 '소설은 연구다'라고 하여 사실주의 작가로서의 태도를 나타내었다. 졸라는 거기에서 한 걸음 더 나아가 '소설은 과학이다'라고 단언하였다. 과학을 존중하던 당시의 풍조를 짐작할 수 있다. 그리고 과학이라는 이유로 졸라가 이용한 것은, 당시 유명했던 베르나르의 『실험의학서설實驗醫學序說』의 사상이었다. 의학은 엄밀한 실험에 의하여 뒷받침되어야 한다고 설파한 이 책의 문장을 그대로 문학이론으로 전용한 것이 졸라의 『실험소설론實驗小說論』(1880)이다.

그러므로 유럽의 자연주의의 기본정신은 인간의 생태를 자연현상으로 보려는 사고방식으로 이해하여야 한다. 따라서 작가의 태도도 자연과학자와 같아야 하는 것이 이상적인 것이라고 생각하였다.

자연현상으로 본 인간은 당연히 본능이나 생리의 필연성에 강력하게 지배된 것으로 그려진다. 외부로부터 그려지기 때문에 내면적으로는 빈약하고 단순할 수밖에 없다. 졸라는 자신의 실험을 위하여 과학적 방법을 쓸 필요를 느끼고 당시 주목의 대상이었던 유전학설에

착안하였다. 그는 또 그의 작품에서 유전의 법칙을 인용하는 주인공으로 하여금 숙명적인 유전에 의하여 발작적으로 살의殺意를 일으키는 대목을 그리기도 했다.

자연주의 작가들은 플로베르나 공쿠르의 사실적 방법을 배운 탓으로 자료연구에도 열심이었다. 졸라는 『목로주점』을 쓰기 위해 몇 년간이나 파리의 변두리 노동자 촌을 답사하고 조사하였다. 그는 발자크의 『인간희극』에 대항하여 『루공마카르 총서叢書』라는 20권에 달하는 방대한 분량의 소설을 썼다. 루공, 마카르 두 집안 인간의 복잡한 운명을 삽입하여 제2제정기의 프랑스 사회를 묘사한 것인데 자연주의 문학의 절정을 이룬 작품으로 평가받는다.

졸라뿐만 아니라 자연주의 문학은 대체로 19세기의 세기말적 분위기를 반영하고 전체적으로 어둡고 염세적이다. 발자크는 자본주의 사회의 상승기를 그렸고, 졸라는 그 절정기에서 하강기를 그렸다고 말해진다. 그러나 졸라 쪽에 현대성이 한층 강하게 나타나는 면도 지나칠 수 없다.

철도나 해운의 발달, 농민의 도시 집중 현상, 도시 노동자 생활의 비참상, 탄광의 노동쟁의, 패전敗戰 등등 19세기라기보다 20세기의 현대적인 생동감 넘치는 세태가 잘 묘사되어 있기 때문이다. 졸라를 중심으로 하여 각각 경향은 달랐고 뒤에는 각기 흩어졌지만 모파상, 위스망 등이 자연주의에 공명하여 졸라의 산하에 모였던 당시 젊은 작가들을 졸라의 집 주소를 따서 <그룹 드 메당(메당派)>이라고 부르기도 한다. 말하자면 '메당그룹'은 문학에 있어서 자연주의의 핵심이고 그 아지트요 발상지라고 해서 붙여진 명명이었다.

한국에서 자연주의 문학을 처음으로 받아들인 사람은 염상섭廉想涉이다. 그는 1921년에 소설「표본실의 청개구리」를, 다음 해에는 평론 「개성과 예술」을 발표하여 자연주의 문학의 이론과 실제를 겸한 자연주의 문학의 포고자로서의 역할을 한국문학에서 담당하였다.

한국의 자연주의 문학을 말할 때 문제가 되어온 것은 개념의 모호성과 혼돈, 자연주의와 개성, 자연주의와 개인주의의 관계, 자연주의와 프로 문학, 자연주의와 사실주의의 문제 등이다.

염상섭은 앞에서 말한 그의 논문에서 '자아의 각성', '개성의 발견', '창작상의 개성' 등에 대해 다음과 같이 설명한다.

첫째 자아의 각성에 대하여는 인간 정신의 가장 본질적인 의의는 자아의 각성 및 그 회복에 있다는 것이다. 이것은 고대인의 특색이며 그 가치관으로 볼 때 곧 문예부흥이다. 개개인의 눈으로 보면 어떤 신성神聖이나 경건이 도리어 추악·비속으로 보일 때가 있다. 이런 심리상태를 보통 현실 폭로의 비애, 또는 환멸의 비애라 한다. 이로 말미암아 사상은 중추가 무너지고 암담과 고독을 낳고 가치관의 혼란이 야기된다. 이에 이상주의적 낭만주의시대를 경과하여 자연과학과 함께 자연주의 또는 개인주의 사상을 유발한 것이다.

둘째, 개성의 발견에 대하여는 개성이란 단독적 생명이며 그것의 유로流露가 곧 개성의 표현이다. 일반적 생명과 단독적 생명은 표리의 관계다. 생명은 개성의 자각과 함께 동적인 것으로 파악된다. 위대한 개성의 표현만이 모든 이상과 가치의 본체인 진선미眞善美로 표징되는 위대한 사업이다.

셋째, 예술창작상의 개성에 대하여는 미美는 쾌감의 상징이다. 그러나 생명이 없다면 쾌감이 있다고 미가 되지는 않는다. 생명의 연소燃燒에 미가 있다. 예술미는 작자의 개성을 투영한 창조적 직관의 세계요, 그것의 투영이 예술적 표현이다. 그러므로 예술은 생명의 유로와 활약이라고 할 수 있다.

이와 같은 염상섭의 주장에 대하여 여러 논객들이 긍정 또는 부정의 논지를 폈으나, 자연주의는 결국 1920년대 전반에 수법의 문제로서나 문학관의 문제로서 강력한 영향을 끼친 것이 사실이었다. 예를 들면 나도향羅稻香 등 감상적인 낭만주의적인 작가들까지도 그 세력에 끌어들이는 양상을 보이기도 하였다. 그러나 자연주의는 신경향파가 등장하면서 이론적 충돌을 빚게 되지만 가령 염상섭의 「표본실의 청개구리」, 「암야闇夜」, 「만세전萬歲前」 같은 작품에 비하여 신경향파의 최서해의 빈궁소설은 질적으로 비교가 안될 만큼 낮은 것이었다. 신경향파 이후의 프로 문학은 자연주의 문학에 이데올로기라는 외상을 입힌 문학이었다고 볼 수 있다. 이 밖에도 현진건이나 김동인 등의 현실성이 강열한 작품을 자연주의와의 관련 속에서 파악하는 경우도 없지 않으나 역시 한국의 자연주의 문학은 염상섭에서 집중적으로 개화했다고 할 수 있을 것이다.

8. 상징주의

상징주의(symbolism)는 19세기말 일군의 프랑스 시인들이 시작한 문학 및 예술 운동에서 비롯된다. 그들은 지극히 상징적인 언어를 암시적으로 사용해 개인의 정서적 체험을 표현하고자 했다. 이 상징주의 운동은 회화와 연극으로 확대되었고, 20세기 유럽과 미국 문학에 지대한 영향을 미치게 되었다. 상징주의 운동의 배경으로는 일반적으로 시민사회의 형성과 근대적 자아의 각성 그리고 전통문화에 대한 재인식을 통한 전통문화의 변형과 생성이란 점을 들고 있다.

주요 상징파 시인으로는 프랑스의 말라르메, 폴 베를렌, 랭보, 쥘

라포르그, 앙리 드 레니에, 르네 길, 귀스타브 칸, 벨기에의 에밀 베르하렌과 조르주 로덴바흐, 그리스 태생인 장 모레아스, 미국 태생인 프랜시스 비엘레 그리팽과 스튜어트 메릴 등이 있다.

가장 중요한 상징주의 비평가는 레미 드 구르몽이었지만, 상징주의의 원칙을 소설에 가장 성공적으로 적용한 사람은 위스망스였고, 희곡에 가장 성공적으로 적용한 사람은 벨기에 태생의 메테를링크였다. 20세기 프랑스의 시인인 폴 발레리와 폴 클로델은 상징파 시인들의 직계 후손으로 간주되기도 한다.

전통적인 프랑스 시의 기법과 주제는 고답파 시의 정확하고 세밀한 묘사에 뚜렷이 드러나 있듯이 완고한 관습의 지배를 받고 있었다. 상징주의는 이런 관습에 대항하여 일부 프랑스 시인들이 일으킨 반란에서 시작되었다.

상징파 시인들은 인간의 내면생활과 경험의 덧없고 순간적인 감각을 묘사하기 위해 시를 설명적인 기능과 형식적인 미사여구에서 해방하기를 원했다. 그들은 인간의 내면 생활에 대한 감각적 인상과 형언할 수 없는 직관을 환기하고자 했으며, 정확한 의미를 갖고 있지는 않지만 시인의 정신 상태를 전하고 표현할 수 없는 현실이라는 '난해하고 혼란된 통일체'를 암시할 수 있는 지극히 개인적인 은유와 상징을 사용하여 존재의 근본적인 신비를 전달하려 했다.

베를렌이나 랭보 같은 상징주의의 선구자들은 보들레르의 시와 사상, 특히 『악의 꽃』(1857)에 수록된 시들에서 큰 영향을 받았다. 그들은 감각들 간의 '조응[照應, correspondances]'이라는 보들레르의 개념을 받아들였고, 이것을 바그너가 이상으로 삼은 여러 예술의 종합이라는 개념과 결합하여 시의 음악성이라는 독창적인 개념을 만들었다.

그리하여 상징주의자들은 조심스럽게 선택한 낱말들의 고유한 화성과 음조 및 색채를 섬세하게 다루어서 시의 주제를 전개하고 조정할 수 있었다. 시의 표현 수단의 본질적이고 고유한 특성을 강조하려는 상징주의자들의 노력은 예술이 다른 어떤 표현 수단이나 지식보다 우월하다는 확신에 바탕을 두고 있었다. 이러한 확신은 또한 물질 세계의 유형성과 개별성 밑에는 또 하나의 현실이 놓여 있다는 유심론적인 확신에 어느 부분 바탕을 두고 있었다. 그들은 이 또 하나의 현실의 본질은 예술 작품을 낳는 데 이바지하는 주관적 감정의 반응과 예술 작품이 불러일으키는 주관적 감정의 반응을 통해 가장 잘 엿볼 수 있다고 생각했다.

베를렌의 『무언가無言歌』(1874)와 말라르메의 『목신의 오후』(1876) 같은 걸작들은 출발한 지 얼마 안 되는 프랑스의 진보적 시문학에 대한 관심을 불러일으켰다. 장 모아레스는 1886년 9월 18일자 『피가로』지에 상징주의 선언문을 발표했다.

여기서 그는 사실주의 연극과 자연주의 소설 및 고답파 시의 묘사적인 경향을 비난하고, 보들레르를 비롯한 여러 시인들을 지칭하는 데 사용된 '퇴폐(decadent)'라는 용어를 '상징파'와 '상징주의'라는 용어로 바꾸자고 제안했다.

1880년대 말에는 상징주의를 지지하는 평론지와 잡지가 수없이 생겨나, 상징파 작가들은 이 운동에 적대적인 비평가들의 공격에서 비롯된 논쟁에 자유롭게 참여했다. 말라르메는 상징파 시인들의 지도자가 되었고, 『여담餘談』(1897)은 지금도 이 운동의 미학에 대한 가장 중요한 해설서이다.

고정된 운율에서 벗어나 좀더 자유로운 시의 운율을 얻기 위해, 많은 상징파 시인들은 산문시를 쓰고 자유시(vers libre)를 사용했다. 자유시는 현대시의 기본 형식이 되었다.

시 분야에서 극단적인 상징주의 운동은 1890년경 절정에 이르렀다가 1900년 무렵부터 갑자기 인기가 떨어지기 시작했다. 뚜렷한 초점도 없이 분위기만 느껴지는 상징파 시의 수사적 표현은 결국 지나치게 기교적이고 가식적인 것으로 간주되기에 이르렀고, 상징파 시인들이 한때 자랑스럽게 내세웠던 '퇴폐'라는 용어는 단순히 세기말의 퇴폐적인 풍조와 부자연스러운 겉치레를 비웃는 용어가 되어버렸다. 그러나 상징주의 작품들은 20세기에 대부분의 영국 문학과 미국 문학에 강하고 지속적인 영향을 주었다.

그들의 실험적 기법은 현대시의 기법을 풍부하게 해주었으며, 상징주의 이론은 W. B. 예이츠와 T. S. 엘리엇의 시, 그리고 제임스 조이스와 버지니아 울프가 대표하는 현대소설로 열매를 맺었다. 이들의 작품에서는 낱말의 음악적 조화와 이미지 유형이 줄거리보다 우위를 차지하는 경우가 많다. 상징주의 소설로 성공한 몇몇 작품 가운데 하나는 위스망스의 『역행逆行』(1884)이다. 이 책은 권태에 빠진 한 귀족이 퇴폐적인 미학을 추구하여 놀라운 임기응변의 재주로 다양한 실험을 한다는 이야기이다. 20세기 미국의 비평가 에드먼드 윌슨이 상징주의 운동을 개관한 책 『악셀의 성』(1931)은 현대 문학 분석의 고전이며 상징주의 운동에 대한 권위있는 연구서로 평가받고 있다.

한국 문학에 있어서의 상징주의는 1910년대에 백대진·김억 등이 발표한 글에서 비롯되었다. 백대진은 「20세기 초두 구주 제 대문학가를 추억함」(신문학, 1916.6)에서 레니에·보들레르·모레아스 등의 상징파 시인들을 소개했고, 「최근의 태서문단」(태서문예신보, 1918.11.30)에서 말라르메 계열의 지적 상징주의를 소개했다. 반면 김억은 「요구와 회한」(신문계, 1916.9)·「프랑스 시단」(태서문예신보, 1918.12)에서 베를렌 계열의 감상적 상징주의를 소개하는 데 주력했다.

또한 그는 『태서문예신보』 6호에 베를렌의 시 「거리에 내리는 비」·「검은 끝없는 잠은」·「아름다운 밤」 등과 11호에 베를렌의 「작시론」을 번역해서 실었고, 상징주의 시가 곧 자유시임을 보여주는 역시집 『오뇌의 무도』(1921)를 펴냈다. 그러나 베를렌의 영향을 받은 그는 내면의식의 섬세한 음영陰影이나 외부세계와 자아와의 교감이라는 상징주의의 본질적 측면을 간과하고, 기분의 시학으로서만 이해했다는 점에서 한국 상징주의 시의 오류와 한계를 드러냈다.

이어 1920년대 후반 한용운의 시집 『님의 침묵』에 이르러 감각과 사상이 결합된 한국적 상징주의 시로 발전했다. 1950년대 이후 상징주의 시는 김춘수의 존재론적 순수시, 전봉건의 언어의 마술적 암시성, '현대시' 동인들의 내면의식 추구라는 형태로 변모했다.

9. 모더니즘

모더니즘(modernism)은 20세기 초 일어난 근대적인 감각을 나타내는 예술상이 여러 경향을 말한다. 넓은 의미로는 교회의 권위 또는 봉건성에 대한 반항, 과학이나 합리성을 중시하고 널리 근대화를 지향하는 것을 말한다. 그러나 좁은 의미로는 기계문명과 도회적 감각을 중시하는 현대적인 작풍을 추구하는 문학 예술상의 사조를 뜻한다.

문학 예술상에서의 모더니즘은 20세기 초, 특히 1920년대에 일어난 표현주의 미래주의 다다이즘 형식주의(포멀리즘) 등의 감각적 추상적 초현실적인 경향의 여러 운동을 가리켜 이들을 모두 포괄하여 말한다. 유럽과 미국에서는 이와 같은 여러 운동을 통틀어 모던 아트(modern art)라고 말하는 경향이 많다. 보다 구체적으로 말하면 모더니즘이란 19세기 문학예술의 근간이라고 할 수 있는 사실주의(리얼리즘)에 대한 반항운동이며, 제1차 세계대전 후에 일어난 전위예술[前衛藝術, 아방가르드] 운동의 한 형태였다. 따라서 모더니즘이란 현대문학의 여러 경향 중에서 특별히 전위적이고 실험적인 유파을 통칭하여 일컫는 말이기도 하다.

이를테면 상징주의·초현실주의·입체파·다다이즘 등을 총칭하여 이르는 말이다. 모더니즘은 더 직접적으로는 19세기 후반과 20세기초에 융성했던 사실주의와 자연주의에서 벗어나려는 노력이기도 하다. 사실주의와 자연주의는 19세기의 유물론적 경향과 관련이 깊은 데, 모더니즘은 그러한 세계관은 물론, 일체의 물질주의와 산업주의를 개인정신의 부자유로 해석하고 배격하는 데서 시작되었다.

그래서 모더니즘의 특징을 ① 전통과의 단절 ② 주관성과 개인주의 ③ 문학의 독자성과 자기 목적성 그리고 ④ 실존주의적 인생관으로 들고 있다(문예사조사, 이선영 편, 민음사, 1986, 133~148쪽에서 김욱동, 모더니즘, 참조).

모더니즘이란 용어는 어디에서나 널리 쓰이는 명칭이라기 보다는 영미 비평계에 치우친 명칭이다. 유사한 문예사조가 독일에서는 흔히 '전위주의(Avantgardismus)'로 칭해지는데, 이것이 영어로 '모더니즘'이라 번역된 것으로 보인다.

프랑스에서는 20세기초 모더니즘 운동의 기원에 해당하는 상징주의 예술이 일찍이 19세기부터 자리잡았기 때문에 모더니즘이라는 애매한 명칭이 잘 사용되지 않았다. 영미계통의 대표적인 모더니즘 작가들로는 에즈라 파운드, W. 루이스, D. H. 로렌스, T. S. 엘리엇 등을 들 수 있다. 1908~1914년에는 소설가와 시인들이 바로 이전 시대뿐 아니라 낭만주의 이후 전체 시기의 문학 전통에 도전하는 혁신과 실험의 주목할 만한 생산적인 시기였다. 그 중심 무대의 하나가 런던이었고 그 주도적인 인물이 에즈라 파운드였다.

인류학·심리학·철학·정치이론과 정신분석의 새로운 사상들에 자극을 받은 과격하고 유토피아적인 모더니즘 운동은 무엇보다도 영국과 미국의 '이미지스트'들이 주도했다. 낡은 시적 전통에 대항하여 이미지스트들은 목가적인 정감이나 제국주의적인 수사법이 아니라 정확한 기술(description)과 심상心像의 환기를 가능하게 하는 시적 언어를 정련하려고 했다. 이러한 목표에 도달하기 위해 그들은 자유시와 비정형시를 사용했으며, 이미지를 가장 중요한 도구로 삼았다.

화가이자 작가인 W. 루이스의 '소용돌이'라는 기치 아래 모인 화가들과 조각가들은 입체파의 추상기법과 그들의 그림·조각·문학에 자동차와 비행기 같은 현대적 산물들의 새로운 감각을 담고 있는 이탈리아 미래파들의 기법을 결합시켰다. 그 잡지명부터 눈길을 끄는 『돌풍 : 위대한 영국의 소용돌이 평론Blast : Review of the Great English Vortex』은 소용돌이파의 대변지였으며 그 편집자인 루이스가 가장 적극적인 선전자이자 대표자였다. 1914년 『돌풍』에 게재된 그의 실험희곡 「별들의 적Enemy of the Stars」과 실험소설 「타르Tarr」는 넘쳐 흐르는 충일감으로 현재까지도 그 여파가 생생히 남아 있다.

제1차 세계대전으로 인해 모더니즘 운동의 첫번째 시기는 종말을 고한다. 과격하고 유토피아적인 충동이 소멸되지는 않았으나 영미의 모더니스트들은 그들의 이상과 현시대의 혼돈 사이의 간극을 너무도 명백히 자각하게 되었다. 따라서 소설가와 시인들은 그들이 볼 때 전쟁의 엄청난 참화와 공포로 인해 무용지물이 된 전래의 형식과 문체를 패러디화하게 되었는데, D.H. 로렌스와 T. S. 엘리엇이 그 대표자들이다.

혁신적인 소설 『무지개』(1915)와 『사랑하는 여인들』(1920)에서 D. H. 로렌스는 대량학살에만 골몰하고 있는 현대문명의 질병의 원인을 산업화가 인간정신에 미친 영향에서 찾고 있다. 전래의 소설전통을 배격하고 노동자계급의 생활을 그린 자전적인 소설 『아들과 연인』(1913)에서 그는 신화와 상징에 주목하면서 개인과 집단의 재탄생이 인간적 노력과 정열에 의해 이루어질 수 있다는 희망을 유지한다.

시인이자 극작가인 T. S. 엘리엇은 그의 매우 혁명적인 시 『프루프록과 다른 관찰들』(1917)·『황무지』 등에서 현대문명의 질곡을 정신적 공허함과 현대적 삶의 소외에서 추적했다. D. H. 로렌스와 마찬가지로 T. S. 엘리엇은 종래의 시 전통을 배격하고 신화와 상징에 주목했다. 그러나 자기 포기와 자기 극기에 의해서만 개인과 집단의 재탄생이 가능하다고 주장한 점에서 로렌스와 판이한 견해를 표명했다.

로렌스와 엘리엇의 엘리트주의 및 온정주의와는 달리 E. 파운드(1920년 영국을 떠나 1925년 이탈리아에 영구적으로 정착함)와 루이스는 극단적인 정치적 입장을 나타냈다. 두 사람은 민주주의를 위선적인 것으로 격하시키면서 경제적·이념적 조작이 현대사회의 결정적 요소라고 주장한다.

이와 관련해 일부 학자들은 영미 모더니스트들의 이러한 반민주적 관점이 모더니즘 운동의 초기부터 내재해 있었던 반동적 성향들을 명백히 보여주는 것이라고 간주했다. 또다른 견해에 의하면 그러한 관점은 제1차 세계대전에 의해 야기된 비극적인 균형상실에서 비롯한 것이다. 그러므로 E. 파운드의 야심적이긴 하지만 엄청나게 난해한 심상 서사시 『칸토스』(1917~1970)와 루이스의 정치·신학 소설 『인간의 시대』(1955~1956)의 문학적 공로에 대한 평가와 그 정치적 위상에 대한 평가는 다를 수밖에 없다.

한국의 모더니즘은 전통적인 권위와 도덕을 반대하고 현대 기계문명과 도시감각을 중시하는 사상적·예술적 사조로서, 주지주의라는 개념으로 한정시키기도 한다.

1930년대초 프롤레타리아 문학이 쇠퇴하고 일제의 군국주의가 노골적으로 등장하면서 김기림·이양하·최재서 등이 영미 모더니즘 이론을 도입했다. 먼저 김기림은 시의 낭만주의적 성격을 배제하고 시의 음률과 의식성을 강조했다. 그는 평론 「시의 기술·인식·현실 등 제문제」(조선일보, 1931.2.11~14)·「시작詩作에 있어서의 주지주의적 태도」(신동아, 1933.4)·「오전의 시론」(조선일보, 1935.4.20.~5.2) 등을 발표해 영미 주지주의 이론을 바탕으로 과거의 한국시를 자연발생적인 센티멘털리즘이라고 비판한다. 그래서 시에 있어 현대문명의 비판과 시각적 회화성을 강력하게 주장했다.

또한 이양하는 「조선현대시 연구」(조선일보, 1935.10.4.~17)에서 리처즈의 주지주의 이론을 소개했고, 리처즈의 저서 『시와 과학』(1946)을 번역해 단행본으로 펴냈다.

김기림과 이양하가 시론을 전개한 반면, 최재서는 산문 분야에서 모더니즘 이론을 펼쳤다. 그는 「현대 주지주의 문학이론의 건설」(조선일보, 1934.8.7..~12)·「비평과 과학」(조선일보, 1934.8.31.~9.5)에서 T.E.흄의 불연속적 실재관을 바탕으로 낭만주의의 극복과 신고전주의 이론을 내세웠다. 이와 같은 이론을 바탕으로 시인 김기림·정지용·김광균·장만영 등과 소설가 이상李箱 등이 많은 작품을 발표했다.

이어 1949년을 전후해 모더니즘 운동이 다시 일어났는데, 김경린·김수영·박인환 등의 '후반기 동인'들이 모더니즘 시 이론에 입각한 합동시집 『새로운 도시와 시민들의 합창』(1949)을 펴냈다. 이들은 당시 한국문단에 유행하던 주정적主情的인 시풍을 반대하고 제재를 현대도시와 기계문명에서 택했으며 이미지와 관념의 조화를 중시했다. 1950년대 후반에 와서는 1920년대의 영미 모더니즘 이론에 대한 재평가와 함께 모더니즘이 새롭게 발전하게 되었다.

송욱의 비순수와 문명의 표정, 김춘수의 현실의식과 존재론적 이미지, 전봉건의 초현실적 발상과 전쟁 이미지, 김종삼의 음악적 이미지, 김광림의 주지적 서정 등으로 나타났다.

10. 포스트모더니즘

포스트모더니즘(postmodernism)은 포스트(post)와 모더니즘(modernism)의 합성어다. 더 정확하게 말한다면 '포스트'라는 접두어와 '모더니즘'이라는 말이 합해져 만들어진 용어다. 그러니까 의미상으로 '포스트모더니즘'이란 일단 '모더니즘 다음에 온 현상 즉, 후기 모더니즘'이라는 뜻이 된다. 그렇게 본다면 포스트모더니즘은 단지 모더니즘 이후에 온 것이란 시간적인 의미만을 가지게 된다. 그러나 포스트모더니즘의 의미는 그렇게 단지 시간적인 개념만으로만 이해할 성질의 것은 아니다. 왜냐하면 포스트모더니즘은 시간적인 개념일 뿐만 아니라 질적인 개념이기도 하기 때문이다. 그래서 모더니즘과 포스트모더니즘은 시간적 의미에서는 1) 계승적 관계, 2) 발전적 관계로 파악할 수 있고, 질적인 면에서는 3) 대립적 관계, 4) 적대적 관계로도 파악할 수 있다.

포스트모더니즘은 일반적으로 1960년대에 들어 미국과 유럽에서 시작된 문학·예술의 한 조류로 다양한 변화와 실험을 그 특징으로 한다. 뿐만 아니라 이 시기에 일어난 문화 운동이면서 정치·경제·

사회의 모든 영역과 관련되는 한 시대의 이념 혹은 그것을 위한 운동으로 파악한다. 이 운동은 미국과 프랑스를 중심으로 학생운동·여성운동·흑인 민권운동·제3세계운동 등의 사회운동과 전위예술, 그리고 해체(deconstruction) 혹은 후기구조주의 사상으로 시작되었으며, 70년대 중반 점검과 반성을 거쳐 20세기 후반까지 이르게 된다.

포스트모더니즘을 알기 위해서는 모더니즘에 대한 이해가 필요하다. 서구에서 근대 혹은 모던(modern) 시대라고 하면 18세기 계몽주의로부터 시작된 이성중심주의 시대를 일컫는다. 종교나 외적인 힘보다 인간의 이성에 대한 믿음을 강조했던 계몽사상은 합리적 사고를 중시했으나 지나친 객관성의 주장으로 20세기에 들어서면서 도전받기 시작하였다. 니체, 하이데거의 실존주의를 거친 후 포스트모던 시대는 J.데리다, M.푸코, J.라캉, J.리오타르에 이르러 시작된다. 니체와 프로이트의 영향을 받은 이들은 계몽주의 이후 서구의 합리주의를 되돌아보며 하나의 논리가 서기 위해 어떻게 반대논리를 억압해 왔는지 드러낸다.

데리다는 어떻게 말하기가 글쓰기를 억압했고, 이성이 감성을, 백인이 흑인을, 남성이 여성을 억압했는지를 이분법을 해체시켜 보여주었다. 푸코는 지식이 권력에 저항해왔다는 계몽주의 이후 발전 논리의 허상을 보여주고, 지식과 권력은 적이 아니라 동반자라고 말한다. 둘다 인간에 내재된 본능으로 권력은 위에서의 억압이 아니라 밑으로부터 생겨나는 생산이어서 이성으로 제거되는 것이 아니라는 것이다.

라캉은 데카르트의 합리적 절대 자아에 반기를 들고 프로이트를 귀환시켜 주체를 해체한다. 주체는 상상계와 상징계로 되어 있고 그 차이 때문에 이성에는 환상이 개입된다는 것이다. 리오타르 역시 숭

엄(the Sublime)이라는 설명할 수 없는 힘으로 합리주의의 도그마를 해체한다. 따라서 철학에서의 포스트모더니즘은 근대의 도그마에 대한 반기였다.

문화 예술의 경우는 시기 구분이 좀더 세분화 된다. 19세기 사실주의(realism)에 대한 반발이 20세기 전반 모더니즘(modernism)이었고 다시 이에 대한 반발이 포스트모더니즘이라고 파악한다.

사실주의는 대상을 그대로 옮길 수 있다는 재현(representation)에 대한 믿음으로 미술에서는 원근법을 중시하고 어떻게 하면 실물처럼 그릴까 고심했다. 문학에서는 저자가 객관적인 실재를 그릴 수 있다는 믿음으로 스토리가 인물을 조정하여 원근법과 같은 효과를 나타내었다. 이런 사실주의는 20세기에 들어서 베르그송의 시간의 철학・실존주의, 아인슈타인의 상대성이론 등 객관진리, 단 하나의 재현에 대한 회의가 일어나면서 도전받는다.

대상은 보는 사람의 주관에 따라 다르다는 전제도 미술에서는 인상주의로부터 시작되어 입체파 등 구상보다 추상으로 옮아가고 문학에서는 저자의 서술 대신 인물의 서술인 독백(<의식의 흐름>이라고도 함)형식이 나온다.

모더니즘은 혁신이었으나 역설적으로 보수성을 지니고도 있었다. 재현에 대한 회의로 개성 대신에 신화와 전통 등 보편성을 중시했고 피카소, 프루스트, 포크너, 조이스 등 거장을 낳았으나 난해하고 추상적인 기법으로 대중과 유리되었다. 개인의 음성을 되찾고 대중과 친근하면서 모더니즘의 거장들을 거부하는 다양성의 실험이 포스트모더니즘이었다.

따라서 철학에서는 모던과 포스트모던 상황이 반발의 측면이 강하지만 예술에서는 연속의 측면도 함께 지닌다. 비록 이성과 보편성에 의지했지만 이미 재현에 대한 회의가 모더니즘(현대성)에서 일어났기 때문이다.

그래서 포스트모더니즘의 경우, 미술에서는 추상 대신에 대중성을 띄고 다시 구상이 등장하였다. 그런데 팝아트처럼 같은 대상을 여러 번 찍어 <다르게 반복하기>를 선보이는 경우, 모나리자 등 친숙하고 고유한 원본을 패러디하여 <다양한 재현들>을 선보이는 경우, 예술가의 권한을 축소한 미니멀 아트 등은 단 하나의 절대 재현을 거부한다.

문학에서는 인물의 독백이 사라지고 다시 저자가 등장하는데 더 이상 19세기 사실주의와 같은 절대 재현을 안 한다. 작가가 자신의 서술을 되돌아 보고 의심하는 자의식적 서술(메타 픽션), 현실과 허구의 경계 와해, 인물과 독자에게 선택권을 주는 열린 소설, 보도가 그대로 허구가 되는 뉴저널리즘, 작가의 권한을 최소화한 미니멀리즘 기법 등이 쓰인다.

따라서 문학에 있어서 포스트모더니즘을 모더니즘과 구분시켜주는 특징으로서는 자아와 주관성에 대한 새로운 입장, 패러디와 패스티시, 행위와 참여, 임의성과 우연성, 주변적周邊的인 것의 부상, 탈장르화, 자기 반영성 등을 들 수 있다. 이렇게 본다면 포스트모더니즘은 모더니즘에 뿌리를 두고 발전한, 모더니즘의 시간적인 연속선 상에 있음을 알 수 있다. 따라서 포스트모더니즘은 모더니즘에 대한 논리적 연속이면서 동시에 그에 대한 비판적 반작용이라고 할 수 있다.

영화와 연극 역시 사실주의의 패러디로서 환상적 기법, 자의식적 기법을 사용한다. 무용에서는 토슈즈를 신었던 19세기 발레에서 맨발의 자유로움과 기법을 중시한 모더니즘, 그리고 다시 운동화를 신는 포스트모던 댄스로 대중성과 개성이 중시된다. 서사(narrative), 기호학 등 비평이론의 경계 와해는 공연예술에서 탈장르로 나타난다.

포스트모던 건축은 기능주의적이고 중앙집권적인 밋밋한 건축에서 장식과 열린 공간을 중시하고 분산적이며 옛 것에 현대를 접합시킨 패러디가 유행한다. 개성·자율성·다양성·대중성을 중시한 포스트모더니즘은 절대 이념을 거부했기 때문에 탈이념이라는 이 시대 정치이론을 낳는다. 또한 후기 산업사회 문화 논리로 비판받기도 한다.

산업사회는 분업과 대량생산으로 수요에 의해 공급이 이루어지던 시대이다. 이제 컴퓨터·서비스산업 등 정보화시대에 이르면 공급이 넘치고 수요는 광고와 패션에 의해 인위적으로 부추겨진다. 빗나간 소비사회는 때로 포스트모더니즘의 실험적이고 긍정적인 측면을 무력하게 만들기도 한다. 탈이념, 광고와 패션에 의한 소비문화, 여성운동, 제3세계운동 등 포스트모던시대의 사회정치 현상은 한국 사회와도 결코 무관하지 않다. 미술·건축·무용·연극에서는 실험과 저항이 맞물려왔고 80년대 말 동구권의 사회주의 몰락과 문민정부의 출현은 한국 문학과 예술에도 포스트모던 바람을 일게 하였다.

근대나 현대는 한국의 경우 서유럽에 비하여 짧고 급속히 이루어졌으므로 시민 의식과 기술 산업사회가 균형을 이룰 수 없었다. 서유럽과 한국사회를 똑같이 볼 수 없는 여러 상황에 의해 한국사회에서 포스트모더니즘은 영역에 따라 큰 차이를 보여 주기도 한다.

지은이 소개

김선학

문학박사. 문학평론가.
동국대 인문과학대 명예 교수.
『문학에 이르는 길』,『현대문학사』
『문학의 빙하기』 등 저서

문학개론강좌

초판 3쇄 인쇄일	2016년 3월 15일
초판 3쇄 발행일	2016년 3월 16일
지은이	김선학
펴낸이	정진이
편집/디자인	김진솔 우정민 김정주 박재원
마케팅	정찬용 정구형
영업관리	한선희 이선건 최재영
인쇄처	월드문화사
펴낸곳	국학자료원 새미(주)

등록일 2006 11 02 제2007-12호
서울시 강동구 성내동 447-11 현영빌딩 2층
Tel 442-4623 Fax 442-4625
http://www.kookhak.co.kr
kookhak2001@hanmail.net

ISBN	978-89-279-0163-1 *93800
가격	12,000원

* 저자와의 협의하에 인지는 생략합니다.
  잘못된 책은 구입하신 곳에서 교환하여 드립니다.